셰프들이 즐겨쓰는
향신료·허브
따라잡기

셰프들이 즐겨쓰는
향신료·허브 따라잡기

초판인쇄 | 2017년 06월 21일
초판발행 | 2017년 06월 27일

지 은 이 | 박종철
펴 낸 이 | 고명흠
펴 낸 곳 | 푸른행복

출판등록 | 2010년 1월 22일 제312-2010-000007호
주　　소 | 경기도 고양시 덕양구 통일로 140(동산동)
　　　　　삼송테크노밸리 B동 329호
전　　화 | (02)3216-8401 / FAX (02) 3216-8404
E - MAIL | munyei21@hanmail.net
홈페이지 | www.munyei.com

ISBN 979-11-5637-070-3 (13590)

※ 이 책의 내용을 저작권자의 허락 없이 복제, 복사, 인용, 무단전재하는 행위는 법으로 금지되어 있습니다.
※ 이 도서의 국립중앙도서관 출판예정도서목록(CIP)은 서지정보유통지원시스템 홈페이지(http://seoji.nl.go.kr)와 국가자료공동목록시스템(http://www.nl.go.kr/kolisnet)에서 이용하실 수 있습니다. (CIP제어번호: CIP2017013713)

셰프들이 즐겨쓰는
향신료·허브
따라잡기

박종철 교수
국립순천대학교 한의약연구소

푸른행복

일러두기

1. 이 책에 사용한 사진은 필자가 직접 촬영했습니다.
2. 향신료 식물 형태의 이해를 위해 살아 있는 식물 사진을 많이 실었습니다.
3. 제1장과 제2장의 순서는 향신료 명칭의 가나다순으로 편집했습니다.
4. 공식 한약 이름인 강황, 소두구, 시라(자), 육두구, 정향, 팔각회향, 회향은 향신료 이름으로 잘 알려진 터머릭(강황), 카더몬(소두구), 딜(시라), 넛메그(육두구), 클로브(정향), 스타아니스(팔각회향), 페널(회향)로 표기했습니다.
5. 계피는 시나몬이라는 향신료명을 쓰기도 하지만 계피로 더 잘 알려져 있으므로 계피(시나몬)로 표기했습니다.
6. 고추냉이, 자소엽은 일본명인 와사비, 시소로 더 잘 알려져 있지만 우리말인 고추냉이(와사비), 자소엽(시소)으로 표기했습니다.
7. 한국의 〈식품공전〉에 있는 향신료 이름을 사용하기도 했습니다.
8. 우리말 이름이 없는 향신료의 명칭은 국립국어원 김아영 선생님의 자문을 받아 영어명을 한글로 바꿔 표기했습니다.
9. 라틴어 학명 옆에 한글 식물명을 표기하여 향신 식물을 이해하는 데 도움이 되도록 했습니다.
10. 과명에서 국화과, 꿀풀과, 산형과, 십자화과, 콩과는 가장 최근의 APG(피자식물 계통연구 그룹) 시스템을 기준으로 채택하여 각각 Asteraceae, Lamiaceae, Apiaceae, Brassicaceae, Fabaceae로 표기했으나 기존 과명인 Compositae, Labiatae, Umbelliferae, Cruciferae, Leguminosae도 함께 기재했습니다.
11. 같은 식물이지만 이용부위가 다른 경우, 각각의 명칭과 효능을 구분해서 표기했습니다.
12. 본문에서 효능을 인용한 필자의 논문을 참고문헌에 기재했습니다.

책머리에

향신료의 사전적 의미는 '음식에 매운맛이나 향기로운 맛을 더하는 조미료'이고, 허브는 '옛날부터 향신료 또는 향료나 약으로 사용해 온 식물'이다. 사람들은 이처럼 음식에 맛을 더하기 위한 조미료로 오래전부터 다양한 향신료와 허브를 사용해왔지만, 최근 들어 각종 향신료와 허브가 건강에 많은 도움을 주는 것에 대해서도 주목하고 있다.

따라서 이 책에는 국내외에서 이용하는 향신료와 허브의 여러 가지 효능 중에서도 약리학적 효과, 특히 한방학적 효능을 중심으로 담았다. 또한 향신료의 식물학적 특성을 시각적으로 이해하기 위해 살아 있는 식물의 다양한 모습을 풍부하게 실어 편집하였다. 114종의 향신료와 허브 식물을 수록하였고, 각 식물들의 재배지와 효능 및 요리법을 소개하였다. 향이 있는 식물 중에는 식품으로 사용하지 않는 약용식물과 향기가 나는 한약(방초, 芳草)도 함께 게재하여 독자 여러분에게 한방 정보를 제공하고자 하였다.

책을 준비하는 과정에서 필자는 식물 사진을 찍는 데 특히 많은 시간을 투자하였다. 독자 여러분에게 생생한 향신료·허브 식물의 사진을 제공하기 위해서다. 사진을 촬영하지 못한 향신료·허브는

과감하게 목록에서 빼고 책에 게재하지 않았을 정도로 직접 사진을 찍는 일에 집착하였다.

필자는 그동안 출간했던 한약 및 약용식물 관련 책자에서 가능하면 필자 본인이 찍은 사진들만 사용하도록 노력하고 있다. 몇 년 전 한 출판사에서 필자가 낸 여행 책자의 사진 몇 장을 저작권 계약하여 사용한 적도 있다. 이처럼 사진 저작권은 매우 중요한 사항이다. 대학에서 강의를 할 때도 학생들의 발표시간에는 인터넷 사진을 쓰지 말고 본인이 촬영한 사진을 사용하라고 늘 강조한다. 그래서 이 책에 수록된 대부분의 사진은 필자가 현장에서 직접 촬영한 사진을 사용하였다. 예전부터 향신료와 허브에 관한 책자를 만들어야겠다는 생각에서 그동안 차근차근 촬영해둔 것이다. 반면 예전의 사진 창고에서 필름을 힘들게 찾아내 활용한 경우도 있다.

필자는 디지털 카메라가 나오기 전, 1981년부터 찍어온 필름 원본을 지금까지 소중하게 모두 보관하고 있다.
일본의 북알프스라고 알려진 나가노[長野] 현은 험준한 산과 깨끗한 물이 흐르고 있어 고추냉이(와사비) 재배에 최적의 장소다. 1994년 일본 대학에서 연구하던 시절에 실험실 연구원들과 함께 나가노 현의 고추냉이 농장을 찾았던 적이 있다. 이 책을 준비하면서 20년 전의 기억을 더듬어 그때의 필름을 찾아 고추냉이 항목의 자료 사진으로 이용하기도 하였다.

5년 전 프랑스의 파리 식물원에서 촬영했던 엄청난 양의 사진들도 이번에 유용하게 사용하였다. 그 외에도 동남아, 중국, 일본의 약용식물 조사 때 덤으로 촬영했던 식용식물들의 사진과 중앙아시아의 키르기스(키르기스스탄) 방문 때 찍어두었던 다양한 사진들도 이번에 많이 사용하였다.

사진과 함께 오래전부터 꾸준히 국내·외에서 구입해왔던 참고도서들에서도 많은 도움을 받았다. 국내 자료가 부족한 상태라 외국 서적의 자료들이 반드시 필요한데, 이처럼 미리 준비해두었던 책들이 이번 책의 원고를 작성하는 데 많은 도움이 된 것이다. 한편 갓, 고추, 미나리, 산초 편에서는 필자가 직접 연구한 연구결과도 인용하여 그 효능을 수재하였다.

향신료·허브의 효능에 관해 우리나라에서 처음으로 선보이는 전문서적으로서, 이 같은 준비와 노력을 통해 출간하게 된 이 책이 독자 여러분에게 유익한 정보를 전달하고, 나아가 다양한 식물에 관심을 가지고 연구할 수 있게 하는 계기가 되었으면 한다. 또한 식품영양학, 식품공학, 조리학, 자원식물학 등의 분야에서 공부하는 학부생, 대학원생을 포함한 과학자와 실무에 종사하는 분들게 실질적인 도움이 되기를 기대한다. 책 제작에 도움을 주신 국립국어원 김아영 선생님, 순천대학교 일본어일본문학과 김연재 조교 선생님, 그리고 자료정리와 교정에 수고한 원광대학교 이경희 박

사과정 대학원생, 순천대학교 한약자원개발학과 송정하 조교, 송화영, 김여현 학부생에게 감사드린다. 출판을 승낙해주시고 모든 호의를 베풀어주신 도서출판 푸른행복 여러분께도 감사드린다.

순천대 연구실에서

박종철

차례

1장 **천연 향신료**

일러두기 • 4
책머리에 • 5

갈랑갈(대고량강) • 22

감초 • 26

개자(갓) • 30

계피(시나몬) • 34

고들빼기 • 38

고추 • 41

고추냉이(와사비) • 45

냉이 • 49

넛메그(육두구) • 52

라벤더 • 66

레몬버베나 • 81

니겔라 • 56

라임 • 70

로즈마리 • 83

들깨 • 58

레몬 • 72

로켓(루콜라, 아루굴라) • 86

딜(시라, 서양자초) • 62

레몬그라스 • 75

루 • 88

레몬밤 • 79

루바브 • 92

마늘 • 94

미나리 • 110

방아풀(연명초) • 124

마리골드(금잔화) • 98

버넷 • 127

바닐라 • 114

마조람 • 102

바질 • 116

베르가모트 • 129

머위 • 104

보리지 • 131

박하 • 120

머틀 • 108

부추 • 134

사프란 • 138

산초 • 142

생강 • 146

서양고추냉이 • 150

세이버리 • 154

세이지 • 156

셀러리 • 161

소럴(수영) • 164

스타아니스(팔각회향) • 168

스피아민트 • 172

시설리 • 174

아티초크류 1_아티초크 • 176

아티초크류 2_카둔 • 180

안젤리카 • 182

양파 • 184

양하 • 188

야로(서양톱풀) • 190

오레가노 • 193

올리브 • 197

월계수 • 200

웜우드(쓴쑥) • 204

유자 • 208

자소엽(시소) • 210

재스민 • 214

주니퍼(노간주나무) • 218

진피 • 220

차이브 • 223

ㅋ

참깨 • 225

카더몬(소두구) • 238

커민 • 251

처빌 • 228

캐러웨이 • 240

케이퍼 • 254

치자 • 230

캐모마일 • 242

코리앤더(고수) • 256

치커리 • 234

캐트닙(개박하) • 245

코카 • 261

커리플랜트 • 248

콜라너트 • 264

클로브(정향) • 266

터머릭류 2_아출 • 280

파슬리 • 292

E

타임 • 269

터머릭류 3_울금 • 283

팔랑개비국화 • 295

댄지(쓴국화) • 273

파 • 286

페널(회향) • 297

터머릭류 1_강황 • 276

파라크레스 • 290

페니로열 • 302

필발(인도긴후추) • 304

한련(금련) • 307

후추 • 322

헬리오트로프 • 310

히솝 • 326

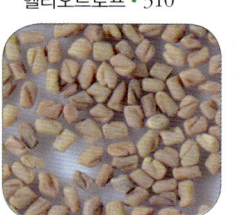
호로파(페뉴그리크) • 312

홉 • 316

홍화 • 318

2장 식용 향기 식물

고량강 • 332

고본 • 336

곽향(배초향) • 340

당귀 • 344

백출 • 348

백편두 • 351

백합 • 354

사상자 • 357

사인 • 361

익지 • 365

작약 • 369

창출 • 374

천궁 • 378

침향 • 381

택란 • 386

향유 • 389

형개 • 392

용어해설 • 396
참고문헌 • 410
찾아보기 • 414

1장_천연 향신료

1.01 갈랑갈(대고량강)

영어명 : galangal_뿌리줄기
한약명 : 대고량강(大高良薑)_뿌리줄기, 홍두구(紅豆蔲)_열매
기타 명칭 : 홍두(紅豆), 양강자(良薑子), galangal(프랑스어), galanga(이탈리아어), kha(타이어)
학명 : *Alpinia galanga* (L.) Willd.
과명 : 생강과(Zingiberaceae)
이용부위 : 뿌리줄기, 열매

동남아에서 향신료로 많이 사용되는 갈랑갈의 뿌리줄기

갈랑갈의 열매(홍두구)가 결실된 모습

재배지
아시아의 생강, 태국의 생강이라고도 불리는 갈랑갈은 열대 아시아가 원산지이며 말레이시아, 태국, 라오스 등지에서 많이 생산한다. 한국에서도 재배한다.

고량강과 홍두구
한방에서 갈랑갈의 뿌리줄기를 대고량강(大高良薑), 그리고 열매를 홍두구(紅豆蔻)라고 부르며 약용한다.

식품공전
한국 〈식품공전〉의 '식품에 사용할 수 있는 원료' 부분에 갈랑갈(이명: 아시아생강)의 뿌리줄기가 수재되어 있다.

요리 및 이용
생강과 비슷한 향미를 가지고 있지만, 향은 생강보다 강하다. 뿌리줄기는 태국 요리에 즐겨 사용되는 향신료이며 고기나 생선류 요리의 냄새 제거를 위해 활용한다.

갈랑갈의 지상부

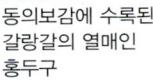

동의보감에 수록된 갈랑갈의 열매인 홍두구

동의보감 효능
홍두구(紅豆蔻), 갈랑갈의 열매는 성질은 따뜻하고 맛은 매우며(쓰다고도 한다) 독이 없다. 물 같은 설사를 하며 복통과 곽란으로 신물을 토하는 것을 낫게 하고 술독을 풀어주며 산람장기 독을 없앤다.

한방 약미(藥味)와 약성(藥性)
뿌리줄기 또는 열매의 맛은 맵고 성질은 따뜻하다.

한방 효능
뿌리줄기
- 위(胃)를 따뜻하게 한다.
- 기(氣)를 소통시켜 통증을 멎게 한다.

❶❷ 중국 광시약용식물원의 갈랑갈

열매
• 한기를 흩어버리며 습사를 없앤다.

약효 해설
열매
• 음식물이 내려가지 않아 그득하고 답답한 증상을 치료하는 식체창만(食滯脹滿) 효능이 있다.
• 술독을 풀어준다.
• 구토, 학질, 이질을 치료한다.

❶❷ 갈랑갈의 미성숙 열매

천연 향신료_갈랑갈(대고량강)

1.02 감초

영어명 : licorice, liquorice
한약명 : 감초(甘草)
기타 명칭 : réglisss officinale(프랑스어), liquirizia(이탈리아어)
학명 : *Glycyrrhiza uralensis* Fischer(식물명: 감초)
  Glycyrrhiza glabra Linné(식물명: 광과감초, 光果甘草)
  Glycyrrhiza inflata Batal.(식물명: 창과감초, 脹果甘草)
과명 : 콩과(Fabaceae, Leguminosae)
이용부위 : 뿌리 및 뿌리줄기

감초 뿌리(세절 건조)

광과감초(*Glycyrrhiza glabra*)의 잎   감초(*Glycyrrhiza uralensis*) 잎

재배지
중앙아시아가 원산지이며 터키, 이탈리아, 스페인, 러시아, 중국이 주산지이다.

감초의 기원
한방에서 식물인 감초, 광과감초(光果甘草) 또는 창과감초(脹果甘草)의 뿌리 및 뿌리줄기를 한약명으로 감초(甘草)라 부른다.

감미성분
감초의 감미 성분은 글리시리진(glycyrrhizin)의 사포닌 화합물로서 뿌리에 3~7% 함유되어 있다. 이 성분은 분해되어 부신피질호르몬 유사작용과 해독, 소염작용을 가지는 글리시레틴산(glycyrrhetic acid)을 생성한다. 감초는 식품 감미제와 약용자원으로서 매우 중요한 식물이다.

식품공전
한국 〈식품공전〉의 '식품에 사용할 수 있는 원료' 부분에 감초의 뿌리 및 뿌리줄기가 수재되어 있다.

천연 향신료_감초

중국 닝샤(寧夏)회족자치구 재배지에서 자라는
감초(*Glycyrriza uralensis*) 꽃

동의보감에 수록된
감초

요리 및 이용

향신료로서 뿌리를 건조시킨 후 가루로 만들어 사용한다. 단맛이 강해 일종의 천연 감미료가 된다.

동의보감 효능

감초(甘草)는 온갖 약의 독을 풀어준다. 아홉 가지 흙의 기운을 받아 72가지의 광물성 약재와 1,200가지의 초약(草藥) 등 모든 약을 조화시키는 효과가 있으므로 국로(國老)라고 한다. 토하거나 속이 그득하거나 술을 즐기는 사람은 오랫동안 먹거나 많이 먹는 것은 좋지 않다.

한방 약미(藥味)와 약성(藥性)
맛은 달고 성질은 평(平)하다.

한방 효능
- 기(氣)를 더하고 비위 부분을 보(補)하는 효능이 있다.
- 폐음을 자양하고 기침을 멎게 하는 효능이 있다.
- 다른 약물과 조화를 이루게 한다.

약효 해설
- 사지무력, 식욕부진에 효과가 있다.
- 목 안이 붓고 아픈 증상에 유효하다.
- 정신을 안정시킨다.

주의사항
장기간 많은 양을 복용하면 전신 부종 및 혈압 상승이 나타날 수 있으니 주의해야 한다.

광과감초(*Glycyrrhiza glabra*)의 열매

감초의 뿌리

1.03 개자(갓)

영어명 : mustard
한약명 : 개자(芥子)_씨, 개채(芥菜, 갓)_잎줄기
기타 명칭 : 호개(胡芥), moutarde brune(프랑스어), senape indiana(이탈리아어)
학명 : *Brassica juncea Czern.* et Coss(식물명: 갓)
과명 : 십자화과(Brassicaceae, Cruciferae)
이용부위 : 씨, 잎줄기

갓의 씨인 개자

갓 잎 갓의 꽃과 줄기

재배지
중앙아시아가 원산지이며 프랑스, 이탈리아, 인도, 중국, 일본, 미국에서 많이 재배한다.

갓김치
잎줄기인 갓은 김치 재료로 사용하며 전남 여수시 돌산 지역의 유명한 채소이다. 일본의 다카나(高菜) 품종이 1950년대에 여수시 돌산에 도입되어 재배된 것으로, 우리나라 재래 갓과 외형적 특성 및 맛 차이가 뚜렷하고 지역 토성에 알맞아 돌산갓으로 명명되어 오늘날의 갓김치 재료가 되었다. 돌산갓김치는 항암, 고혈압 억제 효능이 알려져 있다.

요리 및 이용
상쾌한 매운맛을 내기 위해 씨를 건조하여 분말로 만들어 사용한다. 중세 유럽에서는 서민들도 사용 가능했던 유일한 향신료였다. 씨 그대로는 방향과 매운맛이 없지만, 가루에 따뜻한 물을 부어 혼합하면 방향과 매운맛이 생긴다. 생선회에 소량 첨가하여 먹는다.

매운맛 성분
개자에는 시니그린(sinigrin) 성분이 함유되어 있지만 자극작용이 없다. 그렇지만 개자를 으깨거나 자극을 주게 되면 효소(myrosinase)

에 의해 맵고 자극적인 알릴이소티오시아네이트(allyl isothiocyanate)의 정유 성분으로 변하게 된다.

동의보감 효능

개자(芥子, 갓 씨)는 풍독증(風毒證)과 마비된 것, 얻어맞거나 다쳐서 어혈진 것, 요통(腰痛), 신(腎)이 차고 가슴이 아픈 것을 치료한다. 볶아서 가루 내어 장을 담가 먹으면 오장이 잘 통한다. 개채(芥菜, 갓)는 성질이 따뜻하고 맛이 매우며 독이 없다. 신(腎)에 있는 사기를 없애고 구규(九竅)를 잘 통하게 하며 눈과 귀를 밝게 한다. 기침과 기운이 치미는 것도 멎게 한다. 그리고 속을 따뜻하게 하며 두면풍(頭面風)을 없앤다. 황개(黃芥), 자개(紫芥), 백개(白芥)가 있는데 황개와 자개로는 김치를 하여 먹으면 아주 좋고 백개는 약으로 쓴다.

동의보감에 수록된 갓(개채)과 개자

갓의 지상부

한방 약미(藥味)와 약성(藥性)

씨
맛은 맵고 성질은 뜨거우며 독성이 조금 있다.

잎줄기
맛은 맵고 성질은 따뜻하다.

한방 효능

씨
• 중초[中焦, 위(胃)의 소화작용을 맡으며 심장에서 배꼽 사이

갓 꽃

갓의 씨인 개자

의 부분를 따뜻하게 하여 한사(寒邪)를 제거하는 효능이 있다.
- 경락을 통하게 하고 부은 종기나 상처를 치료한다.

잎줄기
- 옹저(癰疽)나 상처가 부은 것을 삭아 없어지게 하고 뭉치거나 몰린 것을 헤치는 효능이 있다.

프랑스의 개자 식품

약효 해설
씨
- 기침, 가래를 없애주고 관절의 마비, 동통을 풀어준다.
- 살균작용이 있다.
- 식욕증진작용이 있다.

잎줄기
- 비장, 위장 부위를 따뜻하게 한다.
- 가래를 없애주고 기 순환을 도와준다.
- 갓 잎과 갓 잎에서 분리한 플라보노이드 성분은 간 보호작용이 있다.

갓김치

1.04 계피(시나몬)

영어명 : cinnamon, cinnamon bark
한약명 : 육계(肉桂)
기타 명칭 : 계피(桂皮), 육계(肉桂), 계지(桂枝), 계심(桂心)
학명 : *Cinnamomum cassia* Presl (식물명: 육계나무)
과명 : 녹나무과(Lauraceae)
이용부위 : 줄기껍질

약재로 쓰이는 계피(육계)나무 줄기껍질(건조)

재배지
스리랑카와 인도 남부가 원산지이며 오늘날 열대 모든 지역에서 재배한다.

계피와 육계
동의보감에는 계피, 계심(桂心), 계지(桂枝), 육계(肉桂)로 분류되어 있으나, 우리나라 한약에 관한 공정서인 〈대한민국약전〉에는 계피는 수재되어 있지 않고 육계와 계지, 계심만 기재되어 있다. 그렇지만 식품의 소재로서 계피라는 이름으로 잘 알려져 있어 본 책에서는 계피로 기재한다.

식품공전
한국 〈식품공전〉의 '식품에 사용할 수 있는 원료' 부분에 어린 가지와 줄기 껍질이 수재되어 있다.

요리 및 이용
약간의 매운맛과 단맛을 수반하는 청량감, 독특한 방향성이 특징

재배밭의 계피(육계)나무(중국 광시좡족자치구)

계피(육계)나무 꽃봉오리

베트남 하노이 인근에서 자라는 계피(육계)나무

동의보감에
수록된 계피(육계)

이다. 계피를 설탕과 함께 사용하면 보다 달게 느껴지는 효과가 있다. 그래서 설탕과 계피가루를 섞어 계피 설탕을 만들어 커피, 홍차에 이용하면 좋으며 과자류, 음료, 소스 등에 활용한다. 따뜻한 음료의 향을 내거나 수정과 만드는 데 계피를 활용한다.

계피의 약효성분
계피의 정유 성분은 시남알데히드(cinnamaldehyde)가 주성분이다. 이 성분은 혈액순환 개선, 항암, 항염증작용이 있으며 식품첨가물이나 향료로도 쓰인다.

동의보감 효능
육계(肉桂, 계피)는 신(腎)을 잘 보하므로 오장이나 하초에 생긴 병을 치료하는 약[下焦藥]으로 쓴다. 수족 소음경에 들어간다. 색이 자줏빛이면서 두터운 것이 좋다. 겉껍질을 긁어버리고 쓴다.

한방 약미(藥味)와 약성(藥性)

맛은 맵고 달며 성질은 매우 열(熱)하다.

한방 효능

- 신양(腎陽)을 보하고 양기(陽氣)를 도와준다.
- 음양을 조화하는 작용이 있다.
- 한사(寒邪)를 없애고 통증을 멈춘다.
- 경맥(經脈, 후두 옆에서 뛰는 맥)을 따뜻하게 하여 흐름을 원활하게 한다.

약효 해설

- 허리와 무릎의 연약증, 양기 부족, 소변을 자주 보고 변이 묽은 증상에 효력이 탁월하다.
- 배가 차고 설사, 구토가 있을 때 쓴다.
- 방향성 건위제로 식욕부진, 소화불량에 쓴다.
- 발한, 해열작용이 있다.

❶❷ 건조 중인 계피 (베트남 하노이)

약재로 쓰이는 계피(육계)나무 줄기껍질(건조)

프랑스의 계피 제품

천연 향신료_계피(시나몬)

1.05 고들빼기

한약명 : 약사초(藥師草)_ 지상부,
　　　　　산와거(山萵苣)_ 지상부 또는 뿌리
학명 : *Youngia sonchifolia* Maxim. (식물명: 고들빼기)
　　　　Lactuca indica L. (식물명: 왕고들빼기)
과명 : 국화과(Asteraceae, Compositae)
이용부위 : 지상부, 뿌리

식용되는 고들빼기 뿌리와 잎

고들빼기 지상부

재배지
한국 전역과 중국에 분포한다.

요리 및 이용
입맛을 돋우기 위해 쓴맛이 나는 연한 잎과 뿌리를 나물, 김치 등으로 요리해서 먹는다.

한방 약미(藥味)와 약성(藥性)
맛은 쓰고 성질은 차다.

한방 효능
지상부 또는 뿌리
- 열사를 제거하고 열독을 풀어주는 효능이 있다.

❶❷ 고들빼기 꽃

천연 향신료_고들빼기

- 혈액순환을 촉진한다.
- 지혈작용이 있다.

약효 해설

지상부 또는 뿌리
- 목 안이 붓고 아픈 증상을 낫게 한다.
- 산후 어혈로 인한 복통을 치료한다.
- 건위, 소화작용이 있다.

❶❷ 고들빼기김치

1.06 고추

영어명 : capsicum, chilly pepper
한약명 : 고초(苦椒)
기타 명칭 : 랄초(辣椒), 번초(蕃椒), poivon(프랑스어), pimento(이탈리아어), 토우가라시(唐辛子, 일본어)
학명 : *Capsicum annuum* L.(식물명: 고추)
과명 : 가지과(Solanaceae)
이용부위 : 열매

고추 지상부

일본의 식물원에서 재배 중인 고추

재배지

북미 남부지역과 남미의 북부지역이 원산지이며 아시아, 아프리카 등 세계 각지에서 광범위하게 재배한다.

요리 및 이용

정유 성분이 거의 없으므로 향은 거의 없으나 카로티노이드(carotenoid) 성분의 함량에 의해 매운맛의 정도가 좌우된다. 고추는 부각, 전, 조림, 장아찌로 만들어 먹으며 다양한 요리에 활용한다.

한방 약미(藥味)와 약성(藥性)
맛은 맵고 성질은 뜨겁다.

한방 효능
- 중초(中焦, 위의 소화작용을 맡으며 심장에서 배꼽 사이의 부분)를 따뜻하게 하여 한사(寒邪)를 제거하는 효능이 있다.
- 기운을 아래로 내리고 음식 소화를 돕는다.

약효 해설
- 소량으로 위액 분비 촉진작용이 있어 식욕을 증진시킨다.
- 강장, 발한작용이 있다.
- 항류머티즘작용이 있다.
- 고춧잎에서 분리한 바니린산(vanilic acid)은 강한 항산화작용이 있다.

고추 꽃

식용으로 수확한 풋고추

건조 중인 빨간 고추

중앙아시아 키르기스스탄 시장에서 판매되는 고춧가루

식품박람회에 전시 중인 고추로 제작한 조형물

1.07 고추냉이(와사비)

영어명 : wasabi
한약명 : 산규(山葵)
기타 명칭 : 산전채(山前菜), 신엽(辛葉), raifort du japon(프랑스어), 와사비(山葵, 일본어)
학명 : *Wasabia japonica* (Miquel) Matsumura(식물명: 고추냉이)
과명 : 십자화과(Brassicaceae, Cruciferae)
이용부위 : 뿌리

일본 나가노현 농장에서 막 캔 고추냉이(와사비) 뿌리

천연 향신료_고추냉이(와사비)

고추냉이(와사비) 잎

재배지
일본이 원산지이며 일본, 북미, 뉴질랜드 그리고 한국에서도 재배한다.

요리 및 이용
생선회와 다양한 종류의 초밥에 생뿌리를 갈아서 소량 첨가하여 먹는다. 주요 자극성분은 시니그린(sinigrin) 성분이며, 이 성분에는 매운맛이 없지만 효소에 의해 변화된 성분이 톡 쏘는 맛을 낸다. 식욕증진 작용이 있어 예부터 매운맛을 가진 건위약으로 이용되고 있다.

한방 약미(藥味)와 약성(藥性)
맛은 맵고 성질은 따뜻하다.

일본 나가노현의 고추냉이(와사비) 농장

고추냉이(와사비)
재배밭에는 재배에
필요한 깨끗한
물이 항상 흐른다.
(사진 오른편 아래)

일본 오사카 시장에서 판매 중인 고추냉이(와사비) 뿌리

한방 효능
- 속을 따뜻하게 하고 소화를 돕는다.
- 땀을 내게 한다.

약효 해설
- 소화 촉진 효능이 있다.
- 간염에도 효능이 있다.
- 신경통에 쓰인다.

1.08 냉이

영어명 : shepherd's purse
한약명 : 제채(薺菜)_전초, 제채자(薺菜子)_씨
학명 : *Capsella bursa-pastoris* (L.) Medicus (식물명: 냉이)
과명 : 십자화과(Brassicaceae, Cruciferae)
이용부위 : 전초, 씨

냉이의 꽃과 어린잎

무리를 지어 자란 냉이

천연 향신료_냉이

동의보감에 수록된 냉이(제채)

재배지
유럽이 원산지이지만 세계 각지에서 자란다.

요리 및 이용
독특한 향으로 입맛을 돋우는 데 좋다. 냉이 나물, 냉잇국, 냉이뿌리 무침, 냉이 생무침, 냉이 김치 등으로 만들어 먹는다.

동의보감 효능
제채(薺菜, 냉이)의 성질은 따뜻하고 맛은 달며 독이 없다. 간기를 잘 통하게 하고 속을 고르게 하며 오장을 편안하게 한다. 밭이나 들에 나는데 겨울에도 죽지 않는다. 냉이로 죽을 쑤어 먹으면 그 기운이 피를 간으로 이끌어 가기 때문에 눈이 밝아진다. 제채자(薺菜子, 냉이 씨)는 일명 석명자(菥蓂子)라고도 한다. 오장이 부족한 것을 보하고 풍독(風毒)과 사기(邪氣)를 없애며 청맹과니와 눈이 아파서 보지 못하는 것을 치료한다. 또한 눈을 밝게 하고 장예(障瞖)를 없애며 열독을 푼다. 오랫동안 먹으면 모든 것이 선명하게 보인다. 음력 4월에 받는다.

한방 약미(藥味)와 약성(藥性)
전초
맛은 달고 싱거우며 성질은 서늘하다.
씨
맛은 달고 성질은 평(平)하다.

한방 효능

전초
- 지혈 효능이 있다.
- 간장의 기운을 조화롭게 유지하여 눈을 밝히는 효능이 있다.
- 열을 내리고 수습(水濕, 인체 진액이 병리적으로 변한 것)을 뺀다.

씨
- 풍(風)을 제거하는 효능이 있다.
- 눈을 밝히는 효능이 있다.

약효 해설

전초
- 이질에 효과가 있다.
- 눈이 충혈되고 아픈 증상에 좋다.
- 혈변, 혈뇨 치료에 효과가 있다.
- 혈압을 내리는 작용이 있다.
- 변비 치료에 효과가 있다.

씨
- 눈을 밝게 한다.

냉이 지상부

냉이김치

1.09 넛메그(육두구)

영어명 : nutmeg_씨, mace_가종피
한약명 : 육두구(肉豆蔻)_씨
기타 명칭 : muscadier(프랑스어), noce moscata(이탈리아어), pala(인도네시아어)
학명 : *Myristica fragrans* Houtt.(식물명: 육두구)
과명 : 육두구과(Myristicaceae)
이용부위 : 씨, 가종피

요리 재료로 쓰이는 넛메그(육두구) 씨(건조)

인도네시아 보고르식물원에서 자라는 육두구나무

육두구나무에 열린 열매

재배지
인도네시아 몰루카 제도가 원산지이며 인도네시아, 뉴기니, 그라나다 등이 세계 생산량의 대부분을 차지한다.

넛메그와 메이스
식용 육두구의 열매가 완전히 성숙하면 살구같이 보이며, 갈라져서 심홍색의 씨껍질이 드러난다. 육두구의 씨인 넛메그(nutmeg)를 둘러싸고 있는 가종피(假種皮, 씨 표면을 덮고 있는 특수한 부속물) 말린 것을 메이스(mace)라고 한다. 이 메이스는 육두구 열매 속의 육두구 씨를 싸고 있는 섬유 같은 물질이다.

방약합편
육두구의 이름으로 우리나라 한방서인 〈방약합편〉의 '향기 나는 한약(방초, 芳草)' 편에 수재되어 있다.

동의보감에 수록된 넛메그(육두구)

식품공전
한국 〈식품공전〉의 '식품에 사용할 수 있는 원료' 부분에 육두구의 씨가 수재되어 있다.

요리 및 이용
육두구 씨인 넛메그와 씨껍질인 메이스는 향미료로 사용하며 이들의 향미는 비슷하다. 강한 향과 맛을 내므로 생선구이, 통조림, 조개, 치즈 요리에 어울리고 야채와 감자를 양념할 때도 사용한다. 소량의 메이스는 갈아서 완성된 요리 위에 올리기도 한다.

동의보감 효능
육두구(肉豆蔲, 넛메그)는 중초[中焦, 위(胃)의 속에 있어서 음식의 흡수, 배설을 맡는 육부(六腑)의 하나로 심장에서 배꼽 사이의 부분]를 고르게 하고 기를 내리며 설사와 이질을 멈추고 음식 맛이 나게 하며 소화시킨다. 또 어린이가 젖을 토하는 것을 낫게 한다.

한방 약미(藥味)와 약성(藥性)
씨의 맛은 맵고 성질은 따뜻하다.

한방 효능
- 기(氣)를 소통시키고 소화시키는 효능이 있다.
- 비위(脾胃) 부분을 따뜻하게 하고 설사를 그치게 하는 효능이 있다.

약효 해설

- 소화를 촉진시키고 장을 튼튼하게 한다.
- 구풍제(驅風劑), 즉 소화관에 가스가 차서 불쾌한 팽만감이 있을 때 장관(腸管)운동을 항진시켜서 가스를 제거하는 약으로 사용한다.
- 식욕부진, 복부팽만에 효과가 있다.
- 설사와 이질을 멈추게 한다.
- 장 내 가스를 배출하며 건위작용이 있다.

육두구나무의 열매. 씨를 넛메그라 부른다.

넛메그(육두구) 씨

육두구 씨인 넛메그

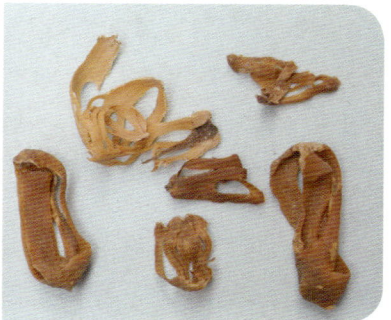

씨껍질인 메이스

1.10 니겔라

영어명 : nigella, black cumin
기타 명칭 : cumin noire(프랑스어), cuminella(이탈리아어)
학명 : *Nigella sativa* L.
과명 : 미나리아재비과(Ranunculaceae)
이용부위 : 씨

니겔라의 열매

니겔라 지상부

재배지
유럽 남부, 북아프리카, 서아시아가 원산지이다.

요리 및 이용
후추같이 생긴 니겔라 씨는 카레, 고기 요리, 소스와 야채 요리의 풍미를 높이는 데 사용한다. 특히 인도와 중동 요리에서 매운 음식에 맛을 내기 위해 후추 대용품으로 널리 이용하며 케이크와 빵에 뿌려 먹기도 한다.

약효 해설
- 면역활성을 높인다.
- 강장 효과가 있다.
- 소화작용이 있다.
- 이뇨작용이 있다.

스페인의 니겔라 제품

향신료로 사용하는
니겔라 분말

천연 향신료_니겔라

1.11 들깨

영어명 : perilla
한약명 : 임자(荏子)_씨, 임자엽(荏子葉)_잎
기타 명칭 : 야소마(野蘇麻), 백소(白蘇)
학명 : *Perilla frutescens* Britton var. *japonica* Hara
(식물명: 들깨)
과명 : 꿀풀과(Lamiaceae, Labiatae)
이용부위 : 씨, 잎

들깨 씨

들깨 재배밭

들깨의 어린잎

재배지
동남아시아가 원산지이며 한국을 비롯한 동남아시아에서 재배한다.

요리 및 이용
열매에 따라 다양한 품종이 있으나, 우리나라에서는 거의 갈색 열매가 열리는 종을 재배한다. 잎에 특이한 냄새가 있으며 잎을 식용한다. 씨는 가루로 내거나 기름으로 짜서 먹는다. 들깨죽, 들깨강정, 들깨엿 등으로 이용해 먹기도 한다. 일본에서는 들깨를 식용으로 거의 활용하지 않는다.

동의보감 효능
임자(荏子, 들깨 씨)는 성질이 따뜻하고[溫] 맛이 매우며[辛] 독이 없다. 기를 내리고 기침과 갈증을 멎게 한다. 폐를 눅여주고 중

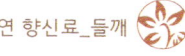
동의보감에 수록된 들깨(임자, 임자엽)

초를 보하며 정수(精髓)를 보충해준다. 임자엽(荏子葉, 들깨 잎)은 중초를 고르게 하고 냄새 나는 것을 없애며 기가 치미는 것과 기침하는 것을 치료한다. 여러 가지 벌레한테 물린 데와 음낭이 부은 데 짓찧어 붙인다.

한방 약미(藥味)와 약성(藥性)
씨의 맛은 쓰고 매우며 성질은 약간 따뜻하다.

한방 효능
씨
- 차가운 기운을 없애준다.
- 뼈마디가 저리고 아픈 병을 낫게 한다.

약효 해설
씨
- 기침을 하면서 기운이 치밀어 올라 숨이 차는 증상을 낫게 한다.

들깻잎

들깨 꽃

- 위 주위를 따뜻하게 하는 작용이 있다.
- 대장암 예방작용이 있다.

잎
- 기침 치료에 좋다.

들깨 꽃이 진 후의 꽃대 들깨의 종자가 결실된 모습

1.12 딜(시라, 서양자초)

영어명 : dill_잎
한약명 : 시라자(蒔蘿子)_열매
기타 명칭 : 서양자초, 시라(蒔蘿), 소회향(小茴香),
　　　　　　aneth(프랑스어), aneto(이탈리아어)
학명 : *Anethum graveolens* L.(식물명: 시라)
과명 : 산형과(Apiaceae, Umbelliferae)
이용부위 : 잎, 열매

딜(시라) 잎

딜(시라)의 지상부(일본 도야마대학 약용식물원)

재배지
지중해 연안과 인도가 원산지이며 거의 모든 허브 농원에서 재배한다.

식품공전
한국 〈식품공전〉의 '식품에 사용할 수 있는 원료'부분에 서양자초의 이름으로 열매가 수재되어 있다.

딜(시라) 꽃

방약합편
소회향이라는 이름으로 우리나라 한방서인 〈방약합편〉의 '향기나는 한약(방초, 芳草)' 편에 수재되어 있다.

요리 및 이용
유럽의 거의 모든 나라에서는 음식에 딜을 사용한다. 잎, 줄기, 열매, 꽃 모두 요리에 사용할 수 있지만 그중 잎이 가장 잘 활용된다. 야채 요리 위에 살짝 뿌리기도 하고 생선 요리에 첨가하기도

천연 향신료_딜(시라, 서양자초)

식용으로 유통되는 딜 (중국 산동성 웨이하이 시장)   식용으로 유통되는 딜(프랑스 파리)

한다. 열매는 피클, 빵, 치즈, 소스, 채소 등에 이용한다.

한방 약미(藥味)와 약성(藥性)

잎

맛은 맵고 성질은 따뜻하다.

열매

맛은 맵고 성질은 따뜻하다.

한방 효능

잎

- 기침을 멈추고 담(痰)을 없앤다.
- 기가 치솟은 것을 내리고 속이 메스꺼워 토(吐)하려는 증상을 멈추게 한다.

열매

- 비(脾)를 따뜻하게 하고 위의 활동을 도와 식욕을 돋운다.

- 기를 다스려 통증을 멎게 한다.

약효 해설
잎
- 소화 촉진, 건위작용이 있다.
- 입냄새 제거 효능이 있다.
- 기침, 가래를 없애는 효능이 있다.
- 진정, 해독작용이 있다.

열매
- 건위작용이 있으며 소화불량, 장염에 효과가 있다.
- 통증을 멎게 한다.

회향이라는 이름으로 판매되고 있는 딜
(중국 네이멍구자치구에 있는 대형 식품매장)

샐러드 재료로 쓰이는 딜
(중앙아시아의 키르기스스탄 식당)

딜이 들어간 키르기스스탄 요리

천연 향신료_딜(시라, 서양자초)

1.13 라벤더

영어명 : lavender
한약명 : 훈의초(熏衣草)
기타 명칭 : lavande(프랑스어), lavanda(이탈리아어)
학명 : *Lavandula angustifolia* (L.) Mill.
　　　　Lavandula vera DC.
　　　　Lavandula officnalis Chaix.
과명 : 꿀풀과(Lamiaceae, Labiatae)
이용부위 : 지상부

라벤더 열매

프랑스 지베르니에서 재배 중인 라벤더

재배지
지중해 연안이 원산지이며 아프리카 북서부의 카나리아제도에서 유럽 남부, 인도에 걸쳐 약 30종이 분포한다.

식품공전
한국〈식품공전〉의 '식품에 사용할 수 있는 원료' 부분에 *Lavandula angustifolia, Lavandula vera, Lavandula officnalis*의 꽃, 잎이 수재되어 있다.

요리 및 이용
설탕 절임 등에 곁들이면 맛과 향이 좋아지며 빵이나 케이크, 비스킷에 첨가하여 사용하기도 한다. 라벤더의 지속성 방향을 활용하여 향수에 첨가하여 이용한다.

한방 약미(藥味)와 약성(藥性)
맛은 맵고 성질은 서늘하다.

❶❷❸ 라벤더(*Lavandula angustifolia*) 잎

라벤더(*Lavandula angustifolia*) 꽃

프랑스의 라벤더 제품

❶❷❸ 라벤더(*Lavandula vera*) 꽃과 열매

한방 효능
- 열사를 제거하고 열독을 풀어준다.

약효 해설
- 정신이 아찔아찔하여 어지러운 증상을 낫게 한다.
- 입이나 혀에 생긴 종기를 없애준다.
- 두통 증상을 없애준다.

천연 향신료_라벤더

1.14 라임

영어명 : lime, key lime, west Indian lime,
bartender's lime, omani lime, Mexican lime
기타 명칭 : limette acide(프랑스어), lima(이탈리아어)
학명 : *Citrus aurantifolia* (Cristm.) Swingle
과명 : 운향과(Rutaceae)
이용부위 : 열매

열매를 향신료로 쓰는 라임

라임 절단면

재배지
인도네시아, 말레이시아가 원산지이다.

요리 및 이용
레몬보다 크기는 작지만 신맛과 향기가 강해 많이 사용한다. 과즙을 소스, 생선 요리, 고기 요리에 널리 사용하며 칵테일 재료로도 이용한다.

약효 해설
열매에 함유된 플라보노이드 성분이 여러 형태 암의 세포분화를 방지하는 효과가 알려져 있다.

천연 향신료_라임

1.15 레몬

영어명 : lemon
한약명 : 영몽(柠檬)
기타 명칭 : 향도(香挑), citronnier commun(프랑스어), limone(이탈리아어)
학명 : *Citrus limon* (L.) Burm. f.
과명 : 운향과(Rutaceae)
이용부위 : 열매

식용으로 수확한 레몬 열매

레몬 열매와 잎·줄기

재배지
원산지는 인도, 파키스탄으로 추정되며 미국, 이탈리아, 스페인, 그리스 등이 주산지이다.

요리 및 이용
레몬은 구연산과 비타민 C 함량이 풍부하며 칵테일, 샐러드 드레싱, 채소, 육류, 생선 요리 등에 다양하게 사용할 수 있다. 그리고 홍차에 레몬을 넣거나 커피에 레몬 과즙 1~2방울을 넣으면 맛있게 마실 수 있다.

한방 약미(藥味)와 약성(藥性)
맛은 시고 달며 성질은 서늘하다.

한방 효능
- 진액을 생성하며 더위 먹은 것을 풀어준다.
- 위기(胃氣)를 조화롭게 하고 임산부와 태아를 안정시킨다.

천연 향신료_레몬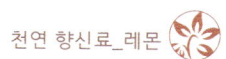

레몬 꽃

레몬 열매

약효 해설
- 식욕증진 효과가 있다.
- 임신 구토에 효과가 있다.
- 더위 먹어 입안이 마르고 갈증 나는 것을 없애준다.
- 강장, 항산화작용이 있다.

1.16 레몬그라스

영어명 : lemongrass
한약명 : 향모(香茅)
기타 명칭 : 모향(茅香), vervine de Indes(프랑스어),
citronella(이탈리아어), sereh(인도네시아어),
takrai(타이어), xa(베트남어)
학명 : *Cymbopogon citratus* Stapf
Cymbopogon flexuosus Stapf
과명 : 벼과(Poaceae, Gramineae)
이용부위 : 지상부

향신료로 쓰이는 레몬그라스(지상부를 건조하여 잘라놓은 모습)

지상부를 향신료로 쓰는 레몬그라스 잎

레몬그라스의 지상부

재배지

인도 남부와 스리랑카에서 유래한 것으로 추정되며 브라질, 베트남이 주산지이다.

미라와 레몬그라스

중국 후난(湖南)성 창사(長沙)의 후난성박물관에는 기원전 1세기, 서한 초기 때의 미라가 전시되어 있다. 발견 당시, 고고학자가 손가락으로 미라의 이마와 가슴과 팔 부위를 눌렀다 놓자 쑥 들어갔던 살과 피부가 금방 다시 탄력 있게 원래 상태로 회복될 정도로 보존 상태가 양호했다. 사자의 손에 쥐어진 주머니에는 9종의 한약이 들어 있었는데, 그중에 향모(香茅)

가 포함되어 있었다. 이 향모가 요즘 말하는 레몬그라스이다.

식품공전
한국 〈식품공전〉의 '식품에 사용할 수 있는 원료' 부분에 레몬그라스의 잎, 줄기와 뿌리줄기가 수재되어 있다.

요리 및 이용
레몬그라스는 수프를 만드는 데 사용되거나 여러 향신료 혼합물의 재료로 이용된다. 생선, 조개류, 가금류 요리에 향미를 내기 위해 사용할 경우, 줄기에 흠집을 내어 솥에 넣어 가열한 후 제거한다. 레몬과 비슷한 방향이 있어 동남아시아에서 수프나 카레 요리

레몬그라스의 지상부 절단

레몬그라스 줄기 상단을 잘라놓은 모습(일본 오사카 식물원)

에 빠지지 않는다. 향의 주성분은 레몬과 같이 시트랄(citral)로서 정유 성분의 60~70%를 차지한다.

한방 약미(藥味)와 약성(藥性)
맛은 달고 매우며 성질은 따뜻하다.

한방 효능
- 풍(風)을 제거하고 경락에 기가 잘 통하게 한다.
- 비위 주위를 따뜻하게 하고 통증을 없애준다.
- 지사 효능이 있다.

약효 해설
- 감기 두통, 위통을 치료한다.
- 타박상을 치료하고 어혈을 제거한다.
- 꽃은 속을 따뜻하게 하고 위(胃)를 편안하게 한다.
- 강장, 이뇨작용이 있다.
- 소화 촉진 효능이 있다.

1.17 레몬밤

영어명 : lemon balm, melissa
기타 명칭 : mélisse(프랑스어), melissa(이탈리아어)
학명 : *Melissa officinalis* L.
과명 : 꿀풀과(Lamiaceae, Labiatae)
이용부위 : 잎

레몬밤의 지상부

천연 향신료_레몬밤

레몬밤의 어린잎   레몬밤 잎

재배지
지중해 동부지역과 소아시아가 원산지이며 프랑스, 독일, 이탈리아, 스페인에서 재배한다.

식품공전
한국 〈식품공전〉의 '식품에 사용할 수 있는 원료' 부분에 레몬밤의 잎이 수재되어 있다.

요리 및 이용
레몬 냄새가 나는 잎은 샐러드, 수프, 소스에 활용하며 건조 잎은 허브 차로 사용한다.

약효 해설
- 정신안정 효과가 있다.
- 강장작용이 있다.
- 구풍 효능이 있다.

1.18 레몬버베나

영어명 : lemon verbena, lemon beebrush
기타 명칭 : 향수목(香水木), 방취목(防臭木),
　　　　　　verveine odorante(프랑스어), limoncina(이탈리아어)
학명 : *Aloysia triphylla* (L'Hér.) Britton
과명 : 마편초과(Verbenaceae)
이용부위 : 잎

레몬버베나의 지상부

천연 향신료_레몬버베나

레몬버베나 잎

재배지
아르헨티나, 칠레가 원산지이며 18세기에 유럽에서 도입되어 분포한다. 우리나라에서도 재배한다.

식품공전
한국 〈식품공전〉의 '식품에 사용할 수 있는 원료' 부분에 레몬버베나의 잎이 수재되어 있으므로 식용할 수 있다.

요리 및 이용
레몬 향으로 유럽 남부에서 요리에 많이 활용되며 생잎은 샐러드, 수프에 쓰이고 레몬그라스 대용으로 쓰인다. 차 또는 화장품 재료로도 이용한다. 레몬버베나는 충북 청원군 소재의 상수 허브랜드 입구에서도 재배하고 있는데, 이 식물의 향이 입구의 허브식물 향기와 어우러져 방문객들은 짙은 향을 맡으며 입장한다.

약효 해설
- 소화 및 진통작용이 있다.
- 항산화작용이 있다.

1.19 로즈마리

영어명 : rosemary
한약명 : 미질향(迷迭香)
기타 명칭 : romarin(프랑스어), rosmarino(이탈리아어)
학명 : *Rosmarinus officinalis* L.
과명 : 꿀풀과(Lamiaceae, Labiatae)
이용부위 : 지상부

향신료로 사용하는 로즈마리 잎

천연 향신료_로즈마리

로즈마리 잎   로즈마리 꽃

재배지
지중해 지역이 원산지이며 프랑스, 스페인, 이탈리아, 미국 등지에서 대량 재배한다.

요리 및 이용
향기가 있어 잎과 가지는 고기 요리, 소스, 수프, 샐러드 드레싱에 사용한다. 신선한 잔가지는 양고기 밑에 깔거나 생선 속에 넣어서 요리하며 잎은 토마토 수프, 찜 요리에 넣어 사용하거나 차로 활용하기도 한다. 정유 성분은 화장품이나 비누의 방향제로 쓰인다.

한방 약미(藥味)와 약성(藥性)
맛은 맵고 성질은 따뜻하다.

한방 효능
- 발한(發汗) 효능이 있다.
- 위액 분비를 촉진하여 소화를 돕는 효능이 있다.
- 마음을 안정시킨다.

약효 해설
- 담즙 분비 촉진작용이 있다.
- 두통을 없애는 작용이 있다.
- 소화 촉진 효능이 있다.
- 혈압강하작용이 있다.
- 항균작용이 있다.

로즈마리 Majorca pink 품종의 꽃   로즈마리 Benenden blue 품종의 꽃

1.20 로켓(루콜라, 아루굴라)

영어명 : rocket, rucola, arugula_잎
한약명 : 지마채(芝麻菜)_씨
기타 명칭 : roquette(프랑스어), rucola(이탈리아어)
학명 : *Eruca sativa* Mill.[= *Eruca vesicaria* (L.) Cav.]
과명 : 십자화과(Brassicaceae, Cruciferae)
이용부위 : 잎, 씨

로켓 지상부

로켓 꽃

재배지
지중해 지역이 원산지이며 인도, 파키스탄, 이란에서 많이 생산한다.

요리 및 이용
매운맛이 나며 잎을 샐러드로 이용하거나 잎을 잘라서 수프, 피자, 스테이크에 얹어 맛을 낸다.

한방 약미(藥味)와 약성(藥性)
씨의 맛은 맵고 쓰며 성질은 차다.

한방 효능
씨
- 기운을 아래로 내려 수기(水氣)를 잘 소통하게 한다.

약효 해설
씨
- 복수(腹水)에 유효하다.
- 기침, 가래를 없앤다.

천연 향신료_로켓(루콜라, 아루굴라)

1.21 루

영어명 : rue, herb of grace
한약명 : 취초(臭草)
기타 명칭 : 운향(雲香), rue(프랑스어), ruta(이탈리아어)
학명 : *Ruta graveolens* L.
과명 : 운향과(Rutaceae)
이용부위 : 지상부

루의 지상부

❶❷ 루 잎

재배지
유럽 남부가 원산지이며 프랑스, 스페인, 모로코가 주산지이다.

요리 및 이용
샐러드에 쓴맛을 내기 위해 사용하지만 쓴맛이 강하므로 소량 이용해야 한다. 어린잎을 잘라 고기, 야채, 샌드위치 등에 사용한다. 독성이 있어 다량 섭취하면 안 되며 민감한 사람에게는 피부 염증을 일으킬 수도 있으니 주의해야 한다.

한방 약미(藥味)와 약성(藥性)
맛은 맵고 약간 쓰며 성질은 차다.

한방 효능
- 풍(風)을 제거하고 열을 없앤다.
- 혈(血) 운행을 활발히 하여 어혈(瘀血)을 없애는 효능이 있다.
- 종기를 없애주고 독성을 풀어주는 효능이 있다.

루의 꽃

루의 열매

약효 해설

- 감기로 나는 열을 없애준다.
- 습진에 유효하다.
- 소아경련을 치료한다.
- 월경불순에 효과가 있다.

❶❷❸ 루의 지상부

천연 향신료_루

1.22 루바브

영어명 : rhubarb
기타 명칭 : rhubarbe(프랑스어), rabarbaro(이탈리아어)
학명 : *Rheum rhabarbarum* L.
과명 : 여뀌과(Polygonaceae)
이용부위 : 잎자루(잎은 식용 불가)

루바브(*Rheum rhaponticum*) 잎과 꽃

루바브(*Rheum rhaponticum*) 잎

루바브(*Rheum rhaponticum*) 꽃

재배지
몽골이 원산지이며 여러 나라에서 재배한다.

대황과 가짜 루바브
*Rheum*속 식물은 여러 가지가 있다. 루바브인 *Rheum rhabarbarum*과 가짜 루바브로 알려진 *Rheum rhaponticum*이 있다. 그리고 한약으로 사용하는 Rheum속인 대황은 장엽대황(掌葉大黃, *Rheum palmatum*), 탕구트대황(*Rheum tanguticum*) 및 약용대황(*Rheum officinale*)의 뿌리 및 뿌리줄기를 말한다. 대황의 효능으로는 변비 치료, 혈액순환 개선, 어혈 제거작용이 있다.

요리 및 이용
서양에서는 중요한 채소로 이용한다. 잎자루를 연화시켜서 이용하는데 맛은 시고 향기가 있다. 잎자루의 껍질을 벗기고 썰어서 삶아 샐러드에 섞기도 하지만 파이, 젤리, 잼을 만들어 먹는다. 많이 먹으면 설사를 일으키며 잎은 식용하지 않는다.

약효 해설
완하작용이 있어 변비 치료에 효과적이다.

1.23 마늘

영어명 : garlic
한약명 : 대산(大蒜)
기타 명칭 : ail blanc(프랑스어), aglio(이탈리아어)
학명 : *Allium sativum* L.(식물명: 마늘)
과명 : 백합과(Liliaceae)
이용부위 : 비늘줄기

마늘 비늘줄기

마늘 재배밭

재배지
중앙아시아가 원산지이며 이집트, 스페인, 이탈리아와 한국, 중국, 일본에서 대량 생산한다.

요리 및 이용
다양한 황 함유 화합물 때문에 나는 강한 향미로 동양 요리는 물론 프랑스, 이탈리아 요리에도 이용된다. 특히 우리나라에서는 각종 음식의 조미료로 사용하고 있다. 장아찌, 볶음 요리로 해서 먹으며 빵, 파스타 그리고 김치 등의 각종 요리에도 활용한다.

마늘의 약리 성분
마늘의 대표 성분은 알리인(alliin)이다. 마늘을 자르거나 으깨면 이 성분은 마늘 속의 효소에 의해 자극성의 강한 냄새가 나는 알리신(allicin)으로 변한다. 마늘 속 효소는 열에 매우 약해서 가열하면 기능을 상실한다. 마늘을 열탕에 넣거나 구울 때 냄새가 나지 않는 이유도 이 때문이다.

천연 향신료_마늘

풋마늘

동의보감에 수록된 마늘(대산)

동의보감 효능

대산(大蒜, 마늘)은 성질이 따뜻하고[열(熱)하다고도 한다] 맛이 매우며 독이 있다. 옹종(癰腫)을 헤치고 풍습(風濕)과 장기(瘴氣)를 없애며 현벽(痃癖)을 삭히고 냉과 풍증을 없애며 비를 든든하게 하고 위를 따뜻하게 한다. 곽란으로 쥐가 이는 것, 온역(瘟疫), 노학(勞瘧)을 치료하며 고독(蠱毒)과 뱀이나 벌레한테 물린 것을 낫게 한다. 오랫동안 먹으면 청혈(淸血)작용을 하여 머리털을 빨리 희게 한다.

한방 약미(藥味)와 약성(藥性)

맛은 맵고 성질은 따뜻하다.

한방 효능

- 비위(脾胃) 부분을 따뜻하게 하고 체한 것을 소통시켜 준다.
- 해독 효능이 있다.

중국 산둥성 웨이하이의 호텔 식당에 나온 생마늘. 이곳 사람들은 요리가 나오기 전에 이 생마늘부터 먼저 먹는다.

마늘장아찌

일본 오사카 시장에서 판매 중인 마늘김치

약효 해설

- 기침 치료에 유효하다.
- 설사, 이질에 효과가 있다.
- 종기나 상처가 부은 것을 없어지게 하는 소종작용이 있다.
- 인체 간암세포, 결장암세포 증식을 막는 효과가 있다.

천연 향신료_마늘

1.24 마리골드(금잔화)

영어명 : marigold, pot marigold, ruddles, garden marigold, Scottish marigold
한약명 : 금잔국화(金盞菊花)
기타 명칭 : souci des jardins(프랑스어), calendola(이탈리아어)
학명 : *Calendula officinalis* L.
과명 : 국화과(Asteraceae, Compositae)
이용부위 : 두상화

마리골드의 꽃과 잎

마리골드의 어린 꽃과 잎

재배지
남유럽이 원산지이며 유럽, 중국, 일본에 분포한다. 우리나라 허브 농장에서 볼 수 있다.

식품공전
한국 〈식품공전〉의 '식품에 사용할 수 있는 원료' 부분에 마리골드의 이름으로 꽃이 수재되어 있어 식용 가능하다.

요리 및 이용
신선한 꽃잎은 독특한 빛깔과 풍미가 있어 요리에 사용하지만 보통은 그늘에서 말려서 황색 착색료로 이용한다. 즉 잘게 잘라 우려낸 액을 치즈, 수프, 쌀 요리 등의 착색에 사용한다. 비싼 사프란에 비해 마리골드는 값이 싸므로 서민용 사프란이라고 불린다. 어린 생잎도 샐러드나 치즈 등에 첨가해서 먹는다.

천연 향신료_마리골드(금잔화)

❶❷ 마리골드의 꽃

한방 약미(藥味)와 약성(藥性)
맛은 싱거우며 성질은 평(㊀)하다.

한방 효능
- 열로 인해서 생긴 혈열을 식히고 지혈하는 효능이 있다.
- 열기를 식히고 화기를 제거하는 효능이 있다.

약효 해설
- 눈이 충혈되면서 붓고 아픈 증상에 유효하다.
- 외용제로 상처 치료에 사용한다.
- 건조 피부, 습진에 국소적으로 사용한다.
- 구강 인후염에 효과가 있다.

마리골드의 재배밭

천연 향신료_마리골드(금잔화)

1.25 마조람

영어명 : majoram
기타 명칭 : marjolaine(프랑스어), maggiorana(이탈리아어)
학명 : *Origanum majorana* L.
　　　(= *Majorana hortensis* Moench)
　　　[= *Majorana majorana* (L.) H. Karst]
과명 : 꿀풀과(Lamiaceae, Labiatae)
이용부위 : 잎, 꽃

마조람 지상부

마조람
잎줄기

재배지
지중해 지역이 원산지이다. 중동 지역 일부에서는 마조람을 오레가노로 부르기도 한다.

식품공전
한국 〈식품공전〉의 '식품에 사용할 수 있는 원료' 부분에 마조람의 잎, 줄기가 수재되어 있다.

요리 및 이용
마조람은 향신료나 정유로 활용한다. 유럽 요리에서 자주 사용하며 프랑스, 이탈리아 요리에서 흔히 볼 수 있다. 마조람을 고기, 소시지에 넣어 향과 맛을 내게 한다. 잎은 수프, 찜 요리, 생선 요리에 넣어 이용하며, 꽃도 수프나 샐러드에 넣어 먹는다. 그리고 강장 효능을 가지는 허브 차로 마시기도 한다.

약효 해설
- 위장관 장애의 치료에 사용된다.
- 불안 증세나 불면증에 효과가 있다.
- 혈압강하작용이 있다.

1.26 머위

영어명 : bog rhubarb, giant butterbur
한약명 : 봉두채(蜂斗菜)_전초(全草)
기타 명칭 : 백채(白菜), 채로(菜蕗)
학명 : *Petasites japonicus* (Siebold & Zucc.) Maxim.
과명 : 국화과(Asteraceae, Compositae)
이용부위 : 어린잎, 줄기, 전초

머위 지상부

머위 잎

머위 꽃

재배지
우리나라 전역, 일본 및 중국에 분포한다.

관동화
우리나라에서는 머위의 꽃을 진해·거담 효능을 얻기 위해 관동(Tussilago farfara)의 꽃인 관동화(款冬花) 대신 사용하기도 한다.

요리 및 이용
머위는 약간 쓴맛이 있으면서 특유의 향기를 갖고 있다. 어린잎과 줄기를 삶아 아린 맛을 빼고 쌈을 싸서 먹거나 조림, 찜, 무침, 나물 등의 요리로 만들어 식용한다.

동의보감 효능
백채(白菜, 머위)는 성질이 평(平)하고 독이 없다. 줄기를 뜯어다 삶아 국이나 나물을 하여 먹으면 아주 좋다.

한방 약미(藥味)와 약성(藥性)
전초의 맛은 쓰고 매우며 성질은 서늘하다.

동의보감에 수록된 머위(백채)

천연 향신료_머위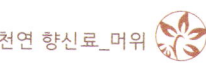

채취한 머위 잎

시장에서 판매하는 머위 줄기

머위 줄기는 삶아서 식용한다.　　　　머위 뿌리(건조 절단)

한방 효능
전초
- 열사를 제거하고 열독을 풀어준다.
- 어혈(瘀血)을 제거하고 종기를 없애준다.

약효 해설
- 건위, 해열작용이 있다.
- 진해작용이 있다.
- 목 안이 붓고 아픈 증상을 없앤다.
- 항염증작용이 있다.

1.27 머틀

영어명 : myrtle, true myrtle
기타 명칭 : myrte(프랑스어), mirto(이탈리아어)
학명 : *Myrtus communis* L.
과명 : 도금양과(Myrtaceae)
이용부위 : 잎, 열매

머틀 지상부

머틀 수형

꽃이 진 후의 머틀 잎

재배지
지중해 지역에서 아시아 남부에 걸쳐 재배되고 있다.

요리 및 이용
오랫동안 머틀의 잎과 열매는 요리에 사용됐다. 잎은 향기가 좋아 조리할 때 달콤한 맛을 내기 위해, 그리고 향기 나는 오일을 제조하기 위해 사용하며, 말린 열매는 갈아서 고기 요리에 풍미를 더하기 위해 첨가한다.

약효 해설
- 거담작용이 있다.
- 수렴 효과가 있다.
- 요도 살균제로 쓰인다.
- 오일은 진경, 항균, 항진균작용이 있다.

머틀 꽃

1.28 미나리

영어명 : water dropwort
한약명 : 수근(水芹)
기타 명칭 : 세리(芹, 일본어)
학명 : *Oenanthe javanica* de Candolle(식물명: 미나리)
과명 : 산형과(Apiaceae, Umbelliferae)
이용부위 : 지상부

미나리 지상부

미나리 잎

미나리 꽃

재배지
아시아가 원산지이며, 한국, 중국, 일본에서 재배한다.

요리 및 이용
뿌리와 줄기에 특유의 향이 있어 김치, 찜, 잡채, 무침 요리 등에 활용한다. 조리 시 뜨거운 물에 오래 두지 말고 살짝 삶아내야 한다.

동의보감 효능
수근(水芹, 미나리)은 성질이 평(平)하고(차다고도 한다) 맛이 달고 독이 없다. 번갈을 멎게 하고 정신이 좋아지게 하며 정(精)을 보충해주고 살찌고 건강해지게 한다. 술을 마신 뒤에 생긴 열독을 치료하는데 대소변을 잘 나가게 한다. 여자의 붕루, 대하와 어린이가 갑자기 열이 나는 것을 치료한다.

한방 약미(藥味)와 약성(藥性)
맛은 맵고 달며 성질은 서늘하다.

동의보감에 수록된 미나리(수근)

천연 향신료_미나리

미나리 재배밭

식용으로 유통되는 미나리

돌미나리 잎과 줄기

한방 효능

- 열사를 제거하고 열독을 풀어준다.
- 이뇨 효능이 있다.
- 지혈 효능이 있다.

약효 해설

- 가슴이 답답하고 갈증이 심한 증상에 유효하다.
- 장기간 복용하면 기운이 난다.
- 건위작용이 있다.
- 식욕증진작용이 있다.
- 미나리의 플라보노이드 성분은 간 보호 및 알코올 해독작용이 있다.

일본 오사카 시장에서 판매 중인 미나리김치

복국 국물에 데쳐 먹는 미나리

천연 향신료_미나리

1.29 바닐라

영어명 : vanilla
한약명 : 향초란(香草蘭)
기타 명칭 : 향초(香草), vanille(프랑스어), vaniglia(이탈리아어)
학명 : *Vanilla planifolia* L.
과명 : 난초과(Orchidaceae)
이용부위 : 열매

바닐라 잎과 줄기

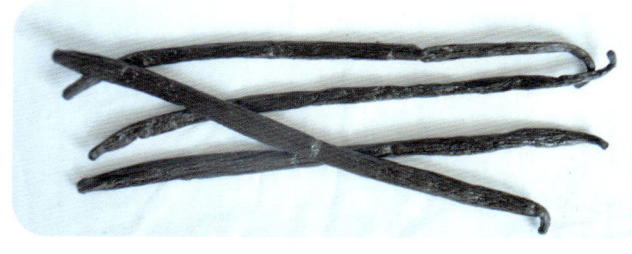

바닐라
열매

재배지
멕시코가 원산지이며 마다카스카르, 하와이, 인도네시아, 중미에서 대량 재배한다.

요리 및 이용
열매를 향신료로 사용하며 초콜릿, 아이스크림, 밀크셰이크, 커스터드 등에 널리 사용한다. 식용 외에 담배, 향수의 향료로도 활용한다. 바닐라에는 3%의 바닐린(vanillin)이 함유되어 있지만, 30여 종의 다른 향미 성분도 존재한다.

한방 약미(藥味)와 약성(藥性)
맛은 맵고 성질은 따뜻하다.

한방 효능
- 기를 내리고 속을 따뜻하게 하는 효능이 있다.
- 위를 따뜻하게 하며, 신(腎)이 폐에서 흡수한 기운을 받아들이는 효능이 있다.

약효 해설
- 기가 치밀어 올라 발생한 천식을 치료한다.
- 허리와 무릎이 연약하고 무력한 증상을 낮게 한다.
- 위액 분비를 촉진하는 건위작용이 있다.
- 담즙을 분비하고 배출하는 이담작용이 있다.
- 구풍작용이 있다.

천연 향신료_바닐라

1.30 바질

- 영어명 : basil_지상부
- 한약명 : 나륵(羅勒)_지상부, 나륵자(羅勒子)_씨
- 기타 명칭 : 난향(蘭香), basilic(프랑스어), basilico(이탈리아어)
- 학명 : *Ocimum basilicum* L.
- 과명 : 꿀풀과(Lamiaceae, Labiatae)
- 이용부위 : 지상부

바질 지상부

바질 잎

재배지
인도, 아프리카가 원산지이며 현재 아프리카, 중동, 인도, 동남아시아에 걸쳐 널리 분포한다.

식품공전
한국 〈식품공전〉의 '식품에 사용할 수 있는 원료' 부분에 바질이라는 이름으로 잎, 줄기가 수재되어 있다.

요리 및 이용
한약명이 나륵(羅勒)으로 동의보감에도 수재되어 있는 바질은 토마토와 궁합이 잘 맞으며 토마토 샐러드나 토마토 요리 어디든 잘 어울린다. 바질은 이탈리아 요리에 빠지지 않는 향신료로 특히 페스토(pesto) 소스의 기본이 되는 허브이며, 피자에도 활용한다. 생잎과 말린 잎을 광범위하게 사용한다.

바질 꽃

동의보감에 수록된 바질(나륵)

동의보감 효능

나륵(羅勒, 바질)은 중초(위 부근의 부위)를 고르게 하고 음식이 소화되게 하며 나쁜 기운을 없앤다. 생것으로 먹는 것이 좋지만 많이 먹지 말아야 한다. 나륵자(羅勒子)는 눈에 예막[瞖]이 생긴 때와 눈에 무엇이 들어가서 나오지 않을 때 3~5알을 눈에 넣으면 잠시 후에 그것이 젖으면서 불어나 눈에 들어간 것과 같이 나온다.

한방 약미(藥味)와 약성(藥性)

맛은 맵고 달며 성질은 따뜻하다.

한방 효능

- 습(濕)을 말리고 중초(中焦)를 조화롭게 하는 작용이 있다.
- 기를 잘 돌게 하고 피의 순환을 촉진하는 효능이 있다.
- 해독하고 부은 상처를 삭게 하는 효능이 있다.

바질 꽃과 잎

바질 꽃대

바질 잎을 물에 넣으면 잎이 펴진다.

약효 해설

- 입에서 나는 냄새와 치통 치료에 좋다.
- 류머티즘 관절염, 타박상 치료에 효과가 있다.
- 음식이 소화되지 않고 오랫동안 정체되는 현상을 치료한다.
- 신경성 두통과 구내염 치료작용이 있다.
- 강장 효능이 있다.

천연 향신료_바질

1.31 박하

영어명 : mint, mentha herb
한약명 : 박하(薄荷)
기타 명칭 : 번하채(番荷菜), menthe du Japon(프랑스어), menta selvatica(이탈리아어)
학명 : *Mentha arvensis Linné* var. *piperascens* Malinvaud ex Holmes(식물명: 박하)
과명 : 꿀풀과(Lamiaceae, Labiatae)
이용부위 : 뿌리줄기, 열매

박하 재배밭

박하 잎

재배지
유럽과 아시아가 원산지이며 인도, 프랑스, 중국, 일본에서 대량 생산한다.

식품공전
한국 〈식품공전〉의 '식품에 사용할 수 있는 원료' 부분에 박하 지상부가 수재되어 있다.

방약합편
박하의 이름으로 우리나라 한방서인 〈방약합편〉의 '향기 나는 한약(방초, 芳草)' 편에 수재되어 있다.

요리 및 이용
향미의 주성분은 멘톨(menthol)로서 잎에는 약 60%가 함유되어 있다. 청량감이 특징이며 강한 향과 맛이 다른 요리 재료의 맛과 향을 없앨 수 있으므로 소량만 요리에 사용한다. 청량음료, 과일 샐러드, 디저트, 젤리 등에 첨가할 수 있다.

박하 꽃

건조 가공된 박하 전초

동의보감 효능

성질이 따뜻하고[溫] (평(平)하다고도 한다) 맛이 매우면서[辛] 쓰며[苦] 독이 없다. 모든 약 기운을 영위(榮衛)로 이끌어간다. 땀이 나게 하여 독을 빠지게 하는데 상한, 두통, 중풍, 적풍(賊風), 두풍(頭風)을 치료한다. 그리고 뼈마디가 잘 놀려지게 하며 몹시 피로한 것을 풀리게 한다. 밭에 심는데 생으로 먹을 수 있다. 또는 김치를 만들어 먹는다. 여름과 가을에 줄기와 잎을 따서 햇볕에 말려서 쓴다.

한방 약미(藥味)와 약성(藥性)

맛은 맵고 성질은 서늘하다.

한방 효능

- 머리와 눈을 맑게 해준다.
- 인후(咽喉)를 편하게 한다.
- 막힌 것을 풀어내는 효능이 있다.

약효 해설

- 발산작용이 강하여 열이 나고 두통에 효과가 있다.
- 충혈된 눈을 치료하는 데 좋다.
- 목 안이 붓고 아픈 증상에 도움이 된다.

동의보감에 수록된 박하

1.32 방아풀(연명초)

한약명 : 연명초(延命草), 사릉간(四棱杆)
학명 : *Isodon japonicus* (Burm.) Hara(식물명: 방아풀)
　　　　[= *Plectranthus japonicus* (Burm.) Koidzumi]
　　　　[= *Rabdosia japonica* (Burm.) Hara]
과명 : 꿀풀과(Lamiaceae, Labiatae)
이용부위 : 잎

방아풀 잎

방아풀 꽃과 잎

재배지
한국 전역에 분포한다.

학명
'국가표준식물목록'과 '국가생물종지식정보시스템'에서는 정명으로 방아풀, *Isodon japonicus*로, 이영노 선생의 〈한국식물도감〉에서는 *Rabdosia japonica*로 기재하고 있다.

식품공전
한국 〈식품공전〉의 '식품에 사용할 수 있는 원료' 부분에 방아풀 명칭으로 어린잎이 수재되어 있다.

요리 및 이용
독특한 향이 있는 잎은 찌개, 국, 탕에 넣어 향신료로 사용한다. 전으로 부치거나 튀겨 먹으며 차로 만들어 마시기도 한다.

한방 약미(藥味)와 약성(藥性)
맛은 쓰고 성질은 서늘하다.

한방 효능
- 열사를 제거하고 열독을 풀어준다.
- 혈액순환을 촉진하고 부은 종기나 상처를 치료한다.

약효 해설
- 간염, 위염에 유효하다.
- 관절 동통에 효과가 있다.
- 소화작용이 있다.

천연 향신료_방아풀(연명초)

방아풀 재배밭

전라도와 경상도 일부 지역에서는
추어탕에 방아풀 잎을 넣어 먹는다.

식용으로 채취한 방아풀 잎

1.33 버넷

영어명 : burnet, salad burnet, garden burnet
기타 명칭 : pimprenelle(프랑스어), pimpinella(이탈리아어)
학명 : *Sanguisorba minor* Scop.
과명 : 장미과(Rosaceae)
이용부위 : 잎

버넷 잎과 줄기

천연 향신료_버넷

버넷의 잎

버넷(*Sanguisorba minor ssp. minor*) 꽃과 열매

❶❷ 버넷 잎

재배지
유럽 중부와 남부가 원산지이다.

요리 및 이용
생잎은 오이 맛이 나며 샐러드나 치즈, 버터에 넣거나 빵과 함께 먹어도 맛있다.

약효 해설
- 잎은 요리용 허브로 사용한다.
- 말린 뿌리는 지혈제로 쓰인다.

1.34 베르가모트

영어명 : bergamot, crimson beebalm, scarlet beebalm, Oswego tea
학명 : *Monarda didyma* L.
과명 : 꿀풀과(Lamiaceae, Labiatae)
이용부위 : 지상부

베르가모트 지상부

천연 향신료_베르가모트

베르가모트 잎과 줄기

베르가모트 잎(위에서 본 모습)

베르가모트 꽃대

재배지
북미가 원산지이며 우리나라에서도 재배한다.

요리 및 이용
꽃에 향기가 있으며 생잎은 차로 활용하기도 한다.

한방 약미(藥味)와 약성(藥性)
맛은 맵고 성질은 뜨겁다.

약효 해설
- 감기 치료에 효과가 있다.
- 소화작용이 있다.
- 방부 효과가 있다.

1.35 보리지

영어명 : borage, starflower
기타 명칭 : bourrache(프랑스어), boragine(이탈리아어)
학명 : *Borago officinalis* L.
과명 : 지치과(Boraginaceae)
이용부위 : 잎, 꽃, 씨

보리지 지상부

보리지 꽃대 　　　　　　　　　　　　보리지 꽃 뒷면

재배지
중동이 원산지로 알려져 있으며, 유럽 남부와 지중해 지역에서 천연적으로 자란다.

식품공전
한국 〈식품공전〉의 '식품에 사용할 수 있는 원료' 부분에 보리지 이름으로 잎, 꽃, 씨가 수재되어 있다.

요리 및 이용
요리용 허브로 사용하는데 어린잎과 꽃은 샐러드, 수프, 파스타 요리에 넣어 식용한다. 어린잎은 한때 삶아 먹는 나물로도 인기가 있었다.

❶❷❸ 보리지 꽃

건강기능식품의 기능성

- 보리지 씨 성분인 감마리놀렌산 함유 유지(油脂)는 우리나라 〈건강기능식품〉에 수재되어 있다.
- 혈중 콜레스테롤 개선, 혈행 개선에 도움을 줄 수 있다.

약효 해설

- 강장작용이 있다.
- 이뇨, 발한작용이 있다.
- 거담, 항염증작용이 있다.
- 진정작용이 있으며 항우울제로 사용할 수 있다.
- 장기간 사용은 금한다.

천연 향신료_보리지

1.36 부추

영어명: garlic chive, Chinese leek
한약명: 구채(韭菜)_지상부, 구자(韭子)_씨
기타 명칭: 구(韭), 가구자(家韭子),
　　　　　　ciboule de chine à feuilles larges(프랑스어)
학명: *Allium tuberosum* Rottler(식물명: 부추)
과명: 백합과(Liliaceae)
이용부위: 지상부, 씨

부추 잎

부추 꽃과 줄기

재배지
동아시아와 인도 북서부가 원산지이며 한국, 중국, 일본, 동남아시아에서 재배한다.

요리 및 이용
독특한 향기와 매운맛은 유화 아릴(diallylsulfide, diallyltrisulfide) 성분에 의한 것이다. 부추전을 비롯하여 샐러드, 나물 요리, 김치 등에 이용한다.

동의보감 효능
구채(韭菜, 부추)는 성질이 따뜻하고(열하다고도 한다) 맛이 매우면서 약간 시고 독이 없다. 이 약 기운은 심으로 들어가는데 오장을 편안하게 하고 위(胃) 속의 열기를 없애며 허약한 것을 보하고 허리와 무릎을 덥게 한다. 흉비증(胸痺證)도 치료한다. 부추는 가슴 속에 있는 좋지 못한 피[惡血]와 체한 것을 없애고 간기를 든든하게 한다. 즙을 내어 먹거나 김치를 담가 먹어도 좋다. 구채자(韭菜

동의보감에 수록된 부추(구채)

부추 씨

子, 부추 씨)는 성질이 따뜻하다. 몽설(夢泄)과 오줌에 정액이 섞여 나오는 것을 치료하는데 허리와 무릎을 덥게 하고 양기(陽氣)를 세게 한다. 유정과 몽설을 치료하는 데 아주 좋다. 약으로 쓸 때에는 약간 볶아서 쓴다.

한방 약미(藥味)와 약성(藥性)
지상부
맛은 맵고 성질은 따뜻하다.
씨
맛은 맵고 달며 성질은 따뜻하다.

한방 효능
지상부
- 신(腎)을 보한다.
- 비위(脾胃) 부분을 따뜻하게 한다.
- 기를 잘 돌게 한다.
- 어혈(瘀血)을 제거한다.
- 해독 효능이 있다.

씨
- 간, 신(腎)의 기능을 보한다.
- 허리와 무릎을 따뜻하게 하는 효능이 있다.

약효 해설
지상부
- 건위작용이 있다.

식재료로 유통되는 부추

라면에 넣어 먹는 부추(일본 오사카)

- 강장작용이 있다.
- 혈압강하작용이 있다.
- 관상동맥 장애에 유효하다.

씨

- 양기 쇠약증, 발기부전에 유효하다.
- 무릎과 허리가 아픈 증상을 개선한다.

1.37 사프란

영어명 : saffron, saffron crocus
한약명 : 서홍화(西紅花)
기타 명칭 : 번홍화(蕃紅花), safran(프랑스어), zafferano(이탈리아어)
학명 : *Crocus sativus* L.(식물명: 사프란)
과명 : 붓꽃과(Iridaceae)
이용부위 : 꽃(암술머리)

말린 사프란의 암술머리

말린 사프란 꽃으로 만든 향신료 제품(프랑스)

재배지
유럽 남부와 서남아시아가 원산지이며 스페인, 프랑스, 이탈리아, 인도, 파키스탄, 이란에서 재배한다.

황금 같은 사프란
세계에서 가장 비싼 향신료가 사프란이다. 사프란의 무게는 황금과 동등한 가격으로 매겨졌다고 한다. 1개의 구근에서 2~3송이의 꽃이 피며 꽃 1송이에는 3갈래로 갈라진 1개의 빨간 암술이 있는데, 이것을 따서 말린 것이 사프란이다. 1g의 사프란을 얻으려면 1천 개에 가까운 암술을 따서 말려야 한다.

식품공전
한국 〈식품공전〉의 '식품에 사용할 수 있는 원료' 부분에 사프란

이름으로 암술머리가 수재되어 있다.

요리 및 이용
꽃을 건조시킨 향신료로서 독특한 방향과 약한 쓴맛이 있다. 사프란을 요리에 이용할 때는 주로 착색을 목적으로 사용하는 경우가 많다. 적은 양으로도 충분히 착색되므로 많은 양을 사용하지 않는다. 치즈, 버터의 향미료로 사용된다.

한방 약미(藥味)와 약성(藥性)
맛은 달고 성질은 평(平)하다.

한방 효능
- 혈 운행을 활발히 하여 어혈(瘀血)을 없앤다.
- 혈열을 식히고 해독한다.
- 막힌 것을 풀고 마음을 안정시키고 진정시킨다.

사프란 꽃

❶❷ 사프란

약효 해설
- 통경작용이 있다.
- 갱년기장애 개선에 도움이 된다.
- 기억장애 개선에 도움이 된다.
- 가슴이 답답하고 잘 놀라는 증상을 치료한다.

1.38 산초

영어명 : Chinese pepper, Japanese pepper
한약명 : 산초(山椒)
기타 명칭 : 화초(花椒), 촉초(蜀椒),
　　　　　　poivre du Setchuan(프랑스어)
학명 : *Zanthoxylum piperitum* De Candolle
　　　 (식물명: 초피나무)

　　　 Zanthoxylum schinifolium Siebold et Zuccarini
　　　 (식물명: 산초나무)

　　　 Zanthoxylum bungeanum Maximowicz
　　　 (식물명: 화초)

과명 : 운향과(Rutaceae)
이용부위 : 잘 익은 열매껍질

시장에서 파는 산초 열매(씨를 없애고 열매껍질을 사용)

산초나무 지상부

재배지
중국, 일본이 원산지이며 우리나라에서도 재배한다.

산초란?
한방에서 식물인 초피나무, 산초나무 또는 화초의 잘 익은 열매껍질을 모두 한약명으로 산초(山椒)라 부른다.

산초나무와 초피나무의 구별
산초나무(Zanthoxylum schinifolium)는 가시가 어긋나기를 하고 초피나무(Zanthoxylum piperitum)는 가시가 마주난다. 가시의 배열 형태로 두 식물의 형태학적 구별이 가능하다.

요리 및 이용
잘 익은 열매껍질을 가루로 하여 추어탕, 김치 등에 첨가하면 매운맛을 더해준다.

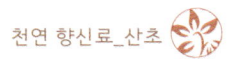

매운 성분

향을 내는 주성분인 시트로네랄(citroneral), 산슐(sanshool) 성분은 과피에 함유되어 있고 씨에는 없다. 이 매운 성분은 변화하기 쉬워 오랫동안 방치하면 쉽게 없어진다. 그래서 원형 그대로 과피로 보관하고 사용 시 가루로 만들어 사용하는 것이 좋다.

동의보감 효능

촉초(蜀椒, 산초)의 성질은 열(熱)하며 맛은 맵고 독이 있다(독이 조금 있다고도 한다). 속을 따뜻하게 하며 피부의 죽은 살, 한습비(寒濕痺)로 아픈 것을 낫게 한다. 또한 육부에 있는 한랭기운을 없애며 귀주(鬼疰), 고독(蠱毒)을 낫게 하고 벌레 독이나 생선 독을 없애며 치통을 멈추고 성기능을 높이며 음낭에서

동의보감에 수록된 산초(촉초)

가지의 가시가 마주나 있는 초피나무

산초라는 한약명으로 불리는 초피나무 열매

중국 간쑤성 룽시(龍西)현의 한 식당에서 나온 닭고기에 땅콩과 고추를 넣어 볶은 궁폭계정(宮爆鷄丁) 요리에 들어간 화초(산초).

중국 닝샤회족자치구 징위안(涇源)현의 한 식당에서 나온 닭고기 요리에 들어간 화초(산초).

땀 나는 것을 멈추게 한다. 허리와 무릎을 덥게 하며 오줌 횟수를 줄이고 기를 내려가게 한다. 일명 천초(川椒), 파초(巴椒), 한초(漢椒)라고도 한다.

한방 약미(藥味)와 약성(藥性)
맛은 맵고 성질은 따뜻하다.

한방 효능
- 속을 따뜻하게 하고 통증을 없애준다.
- 습사(濕邪)를 제거하고 설사를 멈추게 한다.

약효 해설
- 건위, 식욕증진 효능이 있다.
- 복부가 차고 아픈 증상을 낫게 한다.
- 구토, 설사를 일으킬 때 쓴다.
- 회충 구제 효능이 있다.
- 초피나무 잎과 잎에서 분리한 성분은 간 보호작용이 있다.

중국의 화초(산초) 제품

천연 향신료_산초

1.39 생강

영어명 : ginger
한약명 : 생강(生薑)_신선한 뿌리줄기,
　　　　　건강(乾薑)_건조한 뿌리줄기
기타 명칭 : 건강(乾薑), gingembre(프랑스어),
　　　　　　zénzero(이탈리아어)
학명 : *Zingiber officinale* Roscoe(식물명: 생강)
과명 : 생강과(Zingiberaceae)
이용부위 : 뿌리줄기

재배밭에서 채취한 생강의 뿌리줄기

생강 잎과 줄기

재배지
열대아시아, 인도가 원산지로 추정되며 현재는 아시아, 아프리카, 아메리카 대부분의 나라에서 재배한다.

건강이란?
건강은 생강의 주피를 벗겨 쪄서 건조한 것이다. 생강과 건강은 함유 성분에서 차이가 난다. 생강에는 6-진저롤(gingerol) 성분이 있으나 6-쇼가올(shogaol) 성분이 없는 반면 건강에는 6-쇼가올이 많이 함유되어 있어 효능에서 차이가 난다.

생강 잎줄기

요리 및 이용
우리나라에서는 주로 생강을 다져서 양념으로 사용하며 이를 이용한 식품은 생강장아찌, 생강 수정과, 생강차 등이 있다, 고기 요리, 생선 요리, 수프, 소스에 맛을 내기 위해 활용한다.

동의보감 효능

생강(生薑)은 성질이 약간 따뜻하고 맛이 매우며 독이 없다. 오장으로 들어가고 담을 삭이며 기를 내리고 토하는 것을 멎게 한다. 또한 풍한사와 습기를 없애고 딸꾹질하며 기운이 치미는 것과 숨이 차고 기침하는 것을 치료한다. 옛날에 생강을 먹는 것을 그만두지 말라고 한 것은 늘 먹으라는 말이다. 그러나 많이 먹지 말아야 하며 밤에 먹어서는 안 된다. 또한 음력 8~9월에 생강을 많이 먹으면 봄에 가서 눈병이 생기고 오래 살지 못하게 되며 힘이 없어진다.

건강(乾薑)은 성질이 몹시 열하고 맛이 매우며(쓰다고도 한다) 독이 없다. 오장육부를 잘 통하게 하고 팔다리와 뼈마디를 잘 놀릴 수 있게 하며 풍, 한, 습비를 몰아낸다. 곽란으로 토하고 설사하는 것과 찬 기운으로 명치가 아픈 것, 설사와 이질을 치료한다. 비위를 덥게 하고 오래된 식체를 삭이며 냉담(冷痰)을 없앤다. 건강을 많이 쓰면 정기(正氣)가 줄어드는데 이렇게 될 때에는 생감초를 써서 완화시켜야 한다. 물에 씻어서 싼 다음 약한 불에 구워 쓴다.

동의보감에 수록된 생강

한방 약미(藥味)와 약성(藥性)
생강

맛은 맵고 성질은 약간 따뜻하다.

건강

맛은 맵고 성질은 덥다.

한방 효능
생강
- 표부(表部)를 풀어주고 차가운 기운을 없애주는 효능이 있다.
- 중초[中焦, 위의 소화작용을 맡은 심장에서 배꼽 사이의 부분]를 따뜻하게 하고 구토를 가라앉힌다.

건강
- 중초를 따뜻하게 하여 한사(寒邪)를 제거한다.
- 폐(肺)를 따뜻하게 하여 담(痰)을 없애는 효능이 있다.

향신료로 쓰이는 생강

약효 해설
생강
- 소화가 안 되고 구토가 일어날 때 사용한다.
- 기침, 가래가 있을 때 유효하다.

건강
- 소화가 안 되고 구토, 설사가 일어날 때 유효하다.
- 기침이 나고 호흡이 가쁠 때 사용한다.

껍질을 벗긴 생강

1.40 서양고추냉이

영어명 : horseradish
한약명 : 랄근(辣根)
기타 명칭 : raifort(프랑스어), cren(이탈리아어), 세이요우 와사비(西洋山葵, 일본어)
학명 : *Armoracia rusticana* P. G. Gaertner(식물명: 겨자무)
과명 : 십자화과(Brassicaceae, Cruciferae)
이용부위 : 뿌리

서양고추냉이 지상부

서양고추냉이 잎

재배지
동남부 유럽이 원산지이며 인도, 베트남, 중국, 인도네시아에서 재배한다.

요리 및 이용
뿌리 껍질을 벗겨 갈아서 즙을 내어 드레싱, 소스, 샐러드에 사용하며 고기나 생선 요리에도 활용한다. 매운맛 성분은 알릴이소티오시아네이트(allylisothiocyanate)가 주성분이다. 고추냉이와 비슷한 향이 있지만, 고추냉이에 비해 매운맛이나 향기가 약하다.

한방 약미(藥味)와 약성(藥性)
맛은 맵고 성질은 따뜻하다.

한방 효능
- 비위를 조화롭게 하여 음식을 소화시킨다.
- 이담 효능이 있다.
- 이뇨 효능이 있다.

약효 해설
- 소화불량에 효과가 있다.
- 담낭염에 유효하다.

서양고추냉이의 성장과정 ❶~❽

천연 향신료_서양고추냉이

1.41 세이버리

영어명 : savory, summer savory, winter savory
기타 명칭 : sarriette des montagnes(프랑스어),
  erba peverella(이탈리아어),
  코다치 핫카(木立薄荷, 일본어)
학명 : *Satureja hortensis* L.(식물명: 여름세이버리)
  Satureja montana L.(식물명: 겨울세이버리)
과명 : 꿀풀과(Lamiaceae, Labiatae)
이용부위 : 잎, 꽃

겨울세이버리의 지상부

겨울세이버리의 꽃과 잎

여름세이버리의 지상부

여름세이버리의 지상부

재배지
유럽 동남부가 원산지이며 프랑스, 스페인, 독일, 미국이 주산지이다.

요리 및 이용
세이버리의 향미는 박하와 비슷하다. 잎을 샐러드, 소스에 넣으면 좋은 향과 맛이 난다. 말려서 허브 차로 만들어 하루에 2~3회 마셔도 좋다.

약효 해설
- 기침, 천식 치료에 쓰인다.
- 위장질환에 유효하다.
- 살균작용이 있다.

천연 향신료_세이버리

1.42 세이지

영어명 : sage, garden sage, common sage
기타 명칭 : sauge(프랑스어), salvia(이탈리아어)
학명 : *Salvia officinalis* L.
과명 : 꿀풀과(Lamiaceae, Labiatae)
이용부위 : 잎

세이지 잎

세이지 꽃과 잎

재배지
유럽 남부와 지중해 동부지역이 원산지이며 러시아, 영국, 프랑스, 이탈리아, 독일이 주산지이다.

식품공전
한국 〈식품공전〉의 '식품에 사용할 수 있는 원료' 부분에 세이지 이름으로 잎이 수재되어 있다.

요리 및 이용
세이지는 강하고 향기로우면서 약간 쓴 맛이 있어서 채소, 샐러드, 소스, 수프, 치즈에 맛을 내는 데 사용한다. 향이 강하므로 요리에 넣을 때는 소량 사용한다.

약효 해설
- 위장장애, 소화불량에 유효하다.
- 항당뇨 효능이 있다.
- 진경, 구풍작용이 있다.
- 구강 청량 및 구취 방지작용이 있다.
- 정신안정작용이 있다.

파인애플 세이지(*Salvia elegans*)

예루살렘 세이지
(*Phlomis fruticosa*)

러시안 세이지(*Perovskia atriplicifolia*)

멕시칸 부시 세이지(*Salvia leucantha*)

세이지 지상부

세이지 잎.
자세히 보면 잎이 점같이
오돌토돌하다.

1.43 셀러리

영어명 : celery
한약명 : 한근(旱芹)
기타 명칭 : 미국근채(美國芹菜), 양근(洋芹), 근채(芹菜), céleri(프랑스어), sédano(이탈리아어), 세러리 닌진(芹人蔘, 일본어)
학명 : *Apium graveolens* L.
과명 : 산형과(Apiaceae, Umbelliferae)
이용부위 : 지상부

셀러리 줄기와 잎

천연 향신료_셀러리

셀러리 잎과 줄기

재배지
남유럽, 스웨덴이 원산지이며 세계 여러 지역에서 재배한다.

셀러리의 종류
향이 나는 셀러리는 3종이 알려져 있다. 즉 줄기 셀러리(*Apium graveolens* L. var. *dulce*), 뿌리 셀러리(*Apium graveolens* L. var. *rapaceum*) 그리고 중국 셀러리(*Apium graveolens* L. var. *secalinum*) 이다.

요리 및 이용
잎이나 줄기에는 부드럽고 신선한 향미가 있다. 생으로 샐러드로 만들어 먹을 수 있으며, 다른 채소를 섞어 다양하게 하면 독특하고 상쾌한 맛을 즐길 수 있다. 주스로 만들어 마셔도 좋고 수프나 생선국에 넣어 식용하기도 한다. 씨는 케첩이나 소스의 향을 내는 데 주로 사용한다.

식용 중국산 셀러리

한방 약미(藥味)와 약성(藥性)
맛은 달고 매우며 성질은 서늘하다.

한방 효능
- 간의 기운을 조화롭게 유지한다.
- 열을 내린다.
- 풍(風)을 제거한다.
- 지혈 효능이 있다.
- 해독 효능이 있다.

약효 해설
- 가래, 기침 제거에 효과가 있다.
- 황달에 유효하다.
- 혈뇨(血尿)에 유효하다.

셀러리 잎

셀러리 줄기

1.44 소럴(수영)

영어명 : sorrel
한약명 : 산모엽(酸模葉)_잎, 산모(酸模)_뿌리
기타 명칭 : oseille(프랑스어), acetosa(이탈리아어)
학명 : *Rumex acetosa* L.(식물명: 수영)
과명 : 여뀌과(Polygonaceae)
이용부위 : 잎, 뿌리

소럴(수영) 잎

❶❷ 소럴(수영)의 잎과 줄기

재배지
유럽과 아시아 북부가 원산지이며 한국 전역, 일본 등지에서 자란다.

식품공전
한국 〈식품공전〉의 '식품에 사용할 수 있는 원료' 부분에 수영 이름으로 잎, 뿌리가 수재되어 있다.

요리 및 이용
어린 생잎을 샐러드에 넣어서 먹는다. 잎은 수산(oxalic acid) 성분이 함유되어 있어 시고 쓴맛이 있다. 요리 재료로 다양하게 쓰이는데 특히 프랑스 전통 요리에서 많이 사용한다.

한방 약미(藥味)와 약성(藥性)
잎
맛은 시고 약간 쓰며 성질은 차다.
뿌리
맛은 시고 약간 쓰며 성질은 차다.

소렬(수영)의 꽃

소렬(수영)의 열매

한방 효능
잎
- 이뇨 효능이 있다.
- 열로 인해서 생긴 혈열을 식히고 지혈하는 효능이 있다.
- 해독 효능이 있다.

뿌리
- 열로 인해서 생긴 혈열을 식히고 지혈하는 효능이 있다.
- 열을 식혀 대변을 잘 나오게 하는 효능이 있다.
- 이뇨 효능이 있다.
- 살충 효능이 있다.

약효 해설
잎
- 변비, 소변불리(小便不利)에 효과가 있다.
- 습진에 유효하다.

뿌리
- 눈이 충혈되는 증상을 낫게 한다.
- 변비에 유효하다.
- 토혈, 변혈 치료에 도움이 된다.
- 옴, 버짐에 짓찧어 붙인다.

1.45 스타아니스(팔각회향)

영어명 : star anise
한약명 : 팔각회향(八角茴香)
기타 명칭 : 대회향(大茴香), anis étoillé(프랑스어), anice stellato(이탈리아어)
학명 : *Illicium verum* Hook. f.(식물명: 팔각회향)
과명 : 붓순나무과(Illiciaceae)
이용부위 : 열매

팔각회향(스타아니스) 생열매

건조한 팔각회향(스타아니스) 열매

팔각회향(스타아니스) 나무

재배지
중국 남동부와 베트남 북동부가 원산지이며 중국, 베트남, 인도네시아에서 많이 재배한다. 특히 중국이 세계 총생산량의 80% 이상을 차지한다.

팔각회향, 회향, 소회향
회향이라는 이름이 들어가는 향신료는 회향(페널), 소회향(딜) 그리고 팔각회향(스타아니스)이다. 이중 팔각회향(스타아니스)은 과명(科名)이 붓순나무과이고, 회향(페널)과 소회향(딜)은 산형과로서 과명이 다른 식물이다.

식품공전
한국 〈식품공전〉의 '식품에 사용할 수 있는 원료' 부분에 스타아니스 명칭으로 열매와 씨가 수재되어 있다.

요리 및 이용
매운맛과 쓴맛을 가지는 독특한 향미가 특징이다. 오리, 닭, 돼지고

천연 향신료_스타아니스(팔각회향)

팔각회향(스타아니스) 잎   중국 광시좡족자치구 팡청강(防城港)에서 재배 중인 팔각회향(스타아니스)의 열매

기를 이용한 요리 중에서 찜이나 조림처럼 오래 조리하는 요리에 스타아니스를 첨가하면 주재료의 나쁜 냄새를 제거하면서 독특한 향으로 요리의 맛을 살리는 역할을 한다.

타미플루의 원료가 된 스타아니스
스위스 제약회사 '로슈홀딩'은 팔각회향으로 전 세계 제약시장을 장악했다. 스타아니스의 열매에서 면역력을 높이는 성분인 시킴산(shikimic acid)을 추출해 신종 플루 치료제로 유명한 '타미플루'라는 신약을 개발했기 때문이다. 당시 스타아니스 한약이 많은 과학자들로부터 주목을 받았다.

한방 약미(藥味)와 약성(藥性)
맛은 맵고 성질은 따뜻하다.

한방 효능
- 성질이 더운 약을 써서 양기(陽氣)를 통하게 하고 한사(寒邪)를 없애는 효능이 있다.

❶❷ 건조한 팔각회향(스타아니스) 열매

- 기를 다스려 통증을 멎게 한다.

약효 해설
- 방향성 건위약, 진통약으로 배가 더부룩하거나 구토, 추위로 인한 복통에 쓴다.
- 건위, 구풍작용이 있다.
- 진통, 항균작용이 있다.

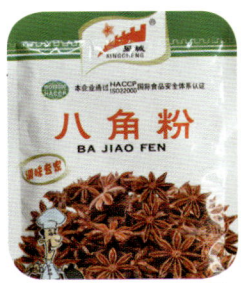
중국에서 향신료로 사용하는 팔각회향(스타아니스) 제품

프랑스의 팔각회향(스타아니스) 제품

천연 향신료_스타아니스(팔각회향)

1.46 스피아민트

영어명 : spearmint, spear mint
한약명 : 류란향(留蘭香)
기타 명칭 : 남박하(南薄荷), 향화채(香花菜),
　　　　　　menthe douce(프랑스어),
　　　　　　menta ricciuta(이탈리아어)
학명 : *Mentha spicata* L.
과명 : 꿀풀과(Lamiaceae, Labiatae)
이용부위 : 지상부

스피아민트 잎

❶❷ 스피아민트 잎

재배지
유럽이 원산지이며 이집트와 동유럽에서도 대량 생산한다.

요리 및 이용
소스, 샐러드, 채소에 풍미를 더하기 위해 요리용 허브로 널리 사용하거나 차로 활용한다.

한방 약미(藥味)와 약성(藥性)
맛은 맵고 성질은 약간 따뜻하다.

한방 효능
- 감기에 유효하다.
- 중초(中焦)를 조화롭게 한다.
- 기(氣)를 통하게 한다.

약효 해설
- 감기를 치료하고 소화작용이 있다.
- 기침을 없애고 두통, 월경통을 치료한다.
- 정유 성분은 항진균작용이 있다.

1.47 시설리

영어명 : cicely, sweet cicely
기타 명칭 : 구주몰약(歐洲沒藥), cerfeuil odorant(프랑스어), finocchio dei boschi(이탈리아어)
학명 : *Myrrhis odorata* (L.) Scop.
과명 : 산형과(Apiaceae, Umbelliferae)
이용부위 : 잎, 열매

시설리 잎

❶❷ 시설리 지상부

재배지
유럽이 원산지이다.

요리 및 이용
잎과 열매를 샐러드, 수프, 음료 등에 요리용 허브로 사용할 수 있다. 잎은 달콤한 향을 가지고 있어 설탕을 섭취하지 못하는 사람에게 유용한 요리 재료로 사용할 수 있으며, 열매도 감미롭고 강한 맛을 내기 위해 고기 요리에 쓰인다.

약효 해설
- 거담작용이 있다.
- 이뇨 효능이 있다.

1.48 아티초크류1_아티초크

영어명 : artichoke, globe artichoke
한약명 : 채계(菜薊)
기타 명칭 : artichaut(프랑스어), carciofo(이탈리아어)
학명 : *Cynara scolymus* L.
과명 : 국화과(Asteraceae, Compositae)
이용부위 : 두화(頭花, 꽃대 끝에 많은 꽃이 뭉쳐 붙어서 머리 모양을 이룬 꽃. 두상화와 같은 말)

스페인 바르셀로나에서 판매 중인 아티초크

아티초크 열매와 잎

재배지
아티초크는 지중해 연안 지역이 원산지로 프랑스, 스페인, 이탈리아, 미국이 세계 최대의 생산지이며 이들 지역에서 광범위하게 식용되고 있다. 우리나라에는 제주도, 전남 지역에서 재배한다.

식품공전
한국 〈식품공전〉의 '식품에 사용할 수 있는 원료' 부분에 어린순과 어린잎이 수재되어 있다.

요리 및 이용
아티초크는 익혀서 적당한 소스와 함께 먹는다. 꽃머리는 커다란 비늘처럼 생긴 포엽(苞葉)으로 둘러싸여 있는데 이 부분을 한 장씩 떼어 입에 넣어 눌러서 치아로 긁어 먹는다.

❶❷ 프랑스 루앙의 잔다르크 묘지 인근 시장에서 판매 중인 아티초크

숙취 해소에 효과
두화에는 시나린(cynarin) 성분이 함유되어 있고 간 해독 효능이 있으며 엽산, 마그네슘이 풍부한 채소이다. 인도에서는 술 마신 후 숙취에 좋다고 하여 차로 많이 마신다.

한방 약미(藥味)와 약성(藥性)
맛은 달고 성질은 평(平)하다.

한방 효능
- 간기(肝氣)가 정체된 것을 고르게 하고 담의 기능을 원활하게 한다.

약효 해설
- 간염, 지방간, 황달의 치료에 활용한다.
- 이담작용, 즉 지방질 음식을 소화시키는 담즙을 잘 배출하도록 도와주는 효능이 있다.
- 간을 보호하고 지방간 치료에 효과가 있다.

참고
아티초크류 2_카둔(180쪽)

1.49 아티초크류2_카둔

영어명 : cardoon, artichoke thistle, cardone, cardoni, carduni, cardi
학명 : *Cynara cardunculus* L.
과명 : 국화과(Asteraceae, Compositae)
이용부위 : 잎줄기, 두화

카둔 꽃대

카둔 지상부

재배지
지중해 지역이 원산지이며 이 지역에서 오랫동안 즐겨 먹고 있는 식물이다.

아티초크와 비슷
카둔의 두화(頭花, 꽃대 끝에 많은 꽃이 뭉쳐 붙어서 머리 모양을 이룬 꽃. 두상화와 같은 말)는 아티초크와 비슷하다. 과명도 아티초크와 같이 국화과이며 원산지도 아티초크처럼 지중해 지역이다.

요리 및 이용
카둔은 오늘날 프랑스, 이탈리아에서 인기 있는 식재료이다. 셀러리와 비슷한 잎자루(葉柄, 잎과 줄기를 연결하는 부위)는 익히면 아티초크와 비슷한 향이 나며 구워 먹거나 수프를 만드는 데 쓰인다. 이탈리아에서는 크리스마스에 전통적으로 카둔 수프로 점심 식사를 시작한다. 잎자루를 식용하지만 두화를 먹기도 한다.

참고
아티초크류 1_아티초크(176쪽)

천연 향신료_아티초크류2_카둔

1.50 안젤리카

영어명 : angelica, garden angelica, wild celery
기타 명칭 : 처녀바디, angélique(프랑스어), archangelica(이탈리아어)
학명 : *Angelica archangelica* L.
과명 : 산형과(Apiaceae, Umbelliferae)
이용부위 : 잎, 뿌리, 씨

안젤리카 잎

안젤리카 재배밭

재배지
유럽 북부지역이 원산지이며 프랑스, 독일, 미국 그리고 태국에서 재배한다.

요리 및 이용
셀러리와 비슷한 향미를 가지므로 생 줄기와 잎자루는 샐러드에 넣어 먹는다. 잎자루는 설탕에 절여 다양한 종류의 제과 제품, 푸딩, 잼, 아이스크림을 만드는 데 활용한다. 생선 요리에 사용하면 비린내 제거에도 좋다.

약효 해설
- 담즙 분비작용이 있다.
- 식욕 증진, 건위작용이 있다.
- 진경 효능이 있다.

1.51 양파

영어명 : onion
한약명 : 양총(洋蔥)
기타 명칭 : oignon(프랑스어), cipolla(이탈리아어)
학명 : *Allium cepa* L.(식물명: 양파)
과명 : 백합과(Liliaceae)
이용부위 : 비늘줄기

수확 직전의 양파

양파 지상부

재배지
서남아시아가 원산지이며 세계 여러 나라에서 재배한다.

요리 및 이용
샐러드, 볶음, 장아찌, 튀김 등으로 요리해서 먹을 수 있으며, 각종 요리에 다양하게 활용한다.

양파의 자극성분
양파에는 황을 함유하는 프로페닐시스테인 설폭사이드(propenyl-cysteine sulfoxide) 성분이 함유되어 있다. 양파를 가만히 두면 이 성분은 눈물을 흘리게 하지 않는다. 그러나 양파를 자르거나 마쇄하거나 먹을 때 효소가 작용하게 되면 이 성분은 순간적으로 분해되어 새로운 성분인 프로페닐 설페닌산(propenyl sulfenic acid)을 생성시켜 자극성분으로 바뀌게 된다. 양파를 그대로 두면 눈물이 나지 않지만, 양파를 자를 때 눈물을 흘리게 되는 이유는 이와 같은 화학반응 때문이다.

이탈리아의 미인
이탈리아에는 눈이 작아 고민하는 여성들은 양파를 많이 썰면 눈이 커져 미인이 된다는 말이 있다고 한다. 양파를 썰면 휘발성분 때문에 눈물을 많이 흘리게 되어 눈이 커져 예뻐진다는 것인데, 양파의 성분을 설명하는 재미있는 얘기이다.

한방 약미(藥味)와 약성(藥性)
맛은 맵고 달며 성질은 따뜻하다.

한방 효능
- 소화가 잘되게 하고 기(氣)를 통하게 한다.
- 해독, 살충 효능이 있다.
- 고지혈증 치료에 유효하다.

약효 해설
- 항암작용이 있다.
- 혈당 강하작용이 있다.
- 혈장 콜레스테롤의 상승을 억제하는 작용이 있다.
- 동맥경화증에 효과가 있다.

양파 재배밭

양파 꽃

껍질을 벗기기 전의 양파

껍질을 벗겨 손질한 양파

붉은 양파

천연 향신료_양파

1.52 양하

영어명 : mioga
한약명 : 양하(蘘荷)
기타 명칭 : 묘우가(茗荷, 일본어)
학명 : *Zingiber mioga* Rosc.(식물명: 양하)
과명 : 생강과(Zingiberaceae)
이용부위 : 뿌리줄기

양하 절단면

뿌리줄기를 향신료로 쓰는 양하

양하 장아찌

재배지
열대아시아가 원산지이며 한국, 일본에서 재배한다.

식품공전
한국 〈식품공전〉의 '식품에 사용할 수 있는 원료' 부분에 양하의 화서와 어린잎이 수재되어 있다.

요리 및 이용
아삭아삭하고 즙이 많으며 강한 향기를 가지고 있다. 곱게 썰어 샐러드에 넣거나 잘게 다져서 소스에 넣으며 절임으로 만들어 먹기도 한다.

동의보감 효능
양하(蘘荷)는 성질이 약간 따뜻하고[微溫] 맛이 매우며[辛] 독이 약간 있다. 고독과 학질을 치료한다.

한방 약미(藥味)와 약성(藥性)
맛은 맵고 성질은 따뜻하다.

한방 효능
- 혈액순환을 원활하게 하고 월경을 조화롭게 한다.
- 담(痰)을 제거하고 기침을 멎게 한다.
- 해독하고 상처가 부은 것을 없어지게 한다.

약효 해설
- 생리가 일정하지 않을 때 효과가 있다.
- 진해, 거담작용이 있다.

동의보감에 수록된 양하

천연 향신료_양하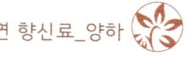

1.53 얘로(서양톱풀)

영어명 : yarrow
한약명 : 양시초(洋蓍草)
기타 명칭 : millefeuille(프랑스어),
　　　　　　　achillea millefoglio(이탈리아어)
학명 : *Achillea millefolium* L.(식물명: 서양톱풀)
과명 : 국화과(Asteraceae, Compositae)
이용부위 : 지상부

얘로(서양톱풀) 꽃과 잎

얘로(*Achillea millefolium ssp. millefolium*) 잎

재배지
유럽과 서아시아에서 자생하지만 현재 세계 여러 지역에서 재배되고 있으며 한국 전역에 자라고 있다.

식품공전
한국 〈식품공전〉의 '식품에 제한적으로 사용할 수 있는 원료' 부분에 야로 명칭으로 잎이 수재되어 있으므로 식용할 수 있다.

요리 및 이용
어린잎을 삶거나 기름으로 볶아서 먹지만 샐러드로 식용해도 좋다. 꽃은 요리에는 그다지 이용하지 않지만 색채가 풍부하여 드라이플라워로 적합하다.

한방 약미(藥味)와 약성(藥性)
맛은 맵고 약간 쓰며 성질은 서늘하다.

한방 효능
- 풍(風)을 제거한다.
- 혈액순환을 촉진한다.

- 통증을 없앤다.
- 해독 효능이 있다.

약효 해설
- 타박상, 월경불순을 치료한다.
- 소염, 이뇨작용이 있다.

❶❷❸ 야로(*Achillea millefolium ssp. millefolium*) 꽃

1.54 오레가노

영어명 : oregano
한약명 : 우지(牛至)
기타 명칭 : origan(프랑스어), origano(이탈리아어)
학명 : *Origanum vulgare* L.
과명 : 꿀풀과(Lamiaceae, Labiatae)
이용부위 : 지상부

건조하여 향신료로 쓰는 오레가노 잎과 줄기

오레가노 지상부

재배지
유럽에서 중앙아시아가 원산지이며 이탈리아, 불가리아, 북미, 멕시코, 프랑스가 주산지이다.

식품공전
한국 〈식품공전〉의 '식품에 사용할 수 있는 원료' 부분에 오레가노의 잎이 수재되어 있다.

요리 및 이용
잎을 샐러드와 파스타 요리에 넣어 사용한다. 강한 향을 내기 위해 바비큐 요리를 할 때 가루를 뿌려주기도 한다. 그렇지만 강한 향은 오히려 요리 맛을 없앨 수 있으므로 주의해야 한다. 이탈리아 남부에서는 오레가노가 토마토 요리와 구운 고기 요리의 기본 재료이기도 하다.

한방 약미(藥味)와 약성(藥性)
맛은 맵고 약간 쓰며 성질은 서늘하다.

오레가노 지상부

오레가노 잎

한방 효능

- 풍한(風寒, 감기 또는 고뿔)을 발산시킨다.
- 기 순환을 도와주는 효능이 있다.
- 날씨가 더워 생기는 병을 치료한다.
- 수습(水濕, 인체 진액이 병리적으로 변한 것)을 빼는 효능이 있다.

약효 해설

- 갑자기 가슴이 답답하면서 쓰러지고 정신이 흐려 사람을 알아보지 못하는 증상에 유효하다.
- 황달 치료에 효과가 있다.
- 복통으로 설사하고 토하는 증상에 유효하다.

천연 향신료_오레가노

오레가노 잎

오레가노 열매

1.55 올리브

영어명 : olive
한약명 : 제돈과(齊墩果)_오일
기타 명칭 : olivier(프랑스어), olivo(이탈리아어)
학명 : *Olea europaea* L.(식물명: 올리브나무)
과명 : 물푸레나무과(Oleaceae)
이용부위 : 열매, 오일, 잎

올리브 열매

천연 향신료_올리브

올리브나무 잎

올리브나무 꽃

재배지
멕시코가 원산지이며 현재는 유럽, 아프리카 남부지역, 미국, 호주 등 여러 나라에서 재배한다.

성서의 감람과 다른 식물
올리브나무를 성서에서 감람(橄欖)나무로 잘못 번역하여 혼란을 주고 있다. 올리브나무의 과명은 물푸레나무과(Oleaceae)이며 감람나무의 과명은 감람과(Burseraceae) 로서 전혀 다른 나무다. 중국 책에서도 올리브를 감람으로 가끔씩 잘못 소개하기도 한다.

식품공전
한국 〈식품공전〉의 '식품에 사용할 수 있는 원료' 부분에 올리브 잎이 수재되어 있다.

요리 및 이용
올리브 오일은 유럽 남부 요리에 전형적으로 사용되며, 전 세계적으로 식용유 및 샐러드유로서 즐겨 사용한다.

스페인의 올리브 상점

한방 약미(藥味)와 약성(藥性)

오일의 맛은 약간 쓰며 성질은 평(平)하다.

한방 효능
오일
- 장을 적셔주고 대변이 잘 나오게 한다.
- 해독하고 부스럼을 아물게 하고 수렴시키는 효능이 있다.

올리브나무

약효 해설
오일
- 고혈압, 고지혈증, 심혈관 질환 치료에 도움이 된다.
- 항산화작용과 혈소판 응집 억제 약리작용이 있다.
- 담즙 배출을 촉진하며 변비 치료에 효과가 있다.

올리브나무의 잎과 열매

잎
- 저혈당약, 해열약, 진경약의 용도로 쓰인다.

- 올리브에 들어 있는 성분인 올레우로페인(oleuropein)은 안지오텐신 전환효소(ACE)를 억제하여 혈압을 낮춘다.
- 이뇨, 항산화, 지질 농도 저하작용이 있다.

프랑스의 올리브 상점

1.56 월계수

영어명 : bay leaves, bay laurel, sweet bay, bay tree
한약명 : 월계엽(月桂葉)_잎, 월계자(月桂子)_열매
기타 명칭 : laurier(프랑스어), lauro(이탈리아어)
학명 : *Laurus nobilis* L.(식물명: 월계수)
과명 : 녹나무과(Lauraceae)
이용부위 : 잎, 열매

건조시켜 향신료로 쓰는 월계수 잎과 열매

월계수 지상부

재배지
지중해 지역이 원산지이며 프랑스, 이탈리아, 스페인, 모로코가 주산지이다.

요리 및 이용
월계수 잎은 향기가 좋아 요리나 차, 향수의 원료로 쓰인다. 신선한 잎이나 말린 잎을 조리 시작 전에 넣어 사용한다.

한방 약미(藥味)와 약성(藥性)
잎
맛은 맵고 성질은 약간 따뜻하다.
열매
맛은 맵고 성질은 따뜻하다.

한방 효능
잎
- 위를 튼튼하게 하고 기 순환을 도와준다.

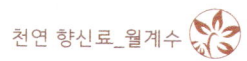

월계수 잎과 가지

건조시켜 향신료로 쓰는 월계수 잎과 열매

열매

- 뼈마디가 저리고 아픈 병을 치료한다.
- 살충, 해독 효능이 있다.

약효 해설

잎

- 타박상 치료에 도움이 된다.
- 복통 제거에 효과가 있다.

열매

- 팔다리가 저리고 아픈 증상을 없애준다.
- 습진 치료에 효과가 있다.
- 귀 뒤에 생긴 종기 치료에 효과가 있다.

❶❷ 프랑스의 월계수 잎 제품

1.57 웜우드(쓴쑥)

영어명 : worm wood
한약명 : 고애(苦艾)
기타 명칭 : 쓴쑥, herbe d'absinthe(프랑스어), assenzio(이탈리아어)
학명 : *Artemisia absinthium* L.
과명 : 국화과(Asteraceae, Compositae)
이용부위 : 잎

웜우드 잎

웜우드 지상부

재배지
유럽과 아시아가 원산지이자 이 지역들이 주산지이다.

식품공전
웜우드는 한국 〈식품공전〉의 '식품에 사용할 수 없는 원료' 부분에 쓴쑥이라는 명칭으로 수재되어 있으므로 우리나라에서는 식용할 수 없다.

요리 및 이용
유럽에서는 뜨거운 물에 우려내 식전에 허브 차로 마신다. 프랑스에서는 알코올 음료의 향미 재료로도 사용되었다. 오랫동안 먹으면 중추신경계 장애로 이어질 수 있다.

한방 약미(藥味)와 약성(藥性)
맛은 쓰고 성질은 차다.

천연 향신료_웜우드(쓴쑥)

웜우드 재배밭

웜우드 잎과 줄기

웜우드 열매

한방 효능
- 열을 내리고 습진 것을 말린다.
- 위를 튼튼하게 하여 소화를 돕는다.

약효 해설
- 식욕부진에 사용한다.
- 회충 구제에 효과가 있다.
- 강장, 해열작용이 있다.

천연 향신료_웜우드(쓴쑥)

1.58 유자

한약명 : 등자(橙子)
기타 명칭 : 유자(柚子), 유즈(柚子, 일본어)
학명 : *Citrus junos* Siebold ex Tanaka (식물명: 유자나무)
과명 : 운향과(Rutaceae)
이용부위 : 열매

유자 열매와 잎

덜 익은 유자 열매

유자 열매

재배지
중국이 원산지이며 한국, 일본에서 재배한다.

요리 및 이용
열매의 과즙이나 과피의 방향을 즐기는 목적으로 이용한다. 설탕이나 꿀에 재워서 유자청을 만들어 유자차로 활용하거나 떡, 정과에 넣어 향신료로 사용한다.

한방 약미(藥味)와 약성(藥性)
맛은 시고 성질은 서늘하다.

한방 효능
- 기가 치솟은 것을 내려 위기(胃氣)를 조화롭게 한다.
- 기를 다스려 가슴을 편안하게 한다.

약효 해설
- 술을 깨게 하는 효능이 있다.
- 음주 후 입 냄새를 제거한다.
- 소화에 좋다.
- 오심구토에 유효하다.

유자 꽃

천연 향신료_유자

1.59 자소엽(시소)

영어명 : perilla
한약명 : 자소엽(紫蘇葉)_잎, 자소자(紫蘇子)_열매
기타 명칭 : 자소(紫蘇), pérille verte cultivée(프랑스어),
　　　　　 시소(紫蘇, 일본어)
학명 : *Perilla frutescens* (L.) Britton var. *acuta* (Thunb.) Kudo
　　　 (식물명: 차즈기)
　　　 Perilla frutescens (L.) Britton var. *crispa* (Thunb.) H. Deane
　　　 (식물명: 주름소엽)
과명 : 꿀풀과(Lamiaceae, Labiatae)
이용부위 : 잎, 열매

잎과 열매를 약용하는 자소엽(시소)

자소엽(시소)

재배지
히말라야 산맥에서 동아시아에 걸친 지역이 원산지이며 한국, 중국, 일본에 분포한다.

자소엽, 자소자의 기원
한방에서 식물인 차즈기 또는 주름소엽의 잎을 한약명으로 자소엽(紫蘇葉)이라 하며, 이들의 열매는 한약명으로 자소자(紫蘇子)라 부른다.

식품공전
한국 〈식품공전〉의 '식품에 사용할수 있는 원료' 부분에 소엽의 명칭으로 잎과 끝가지(자소엽), 씨(자소자)가 수재되어 있다.

방약합편
자소엽과 자소자의 이름으로 우리나라 한방서인 〈방약합편〉의 '향기 나는 한약(방초, 芳草)' 편에 수재되어 있다.

요리 및 이용
원산지는 중국이지만 오래전에 일본으로 전해져 현재는 일본을 대표하는 허브계 향신료가 되었다. 자소엽은 일본에서 도시락과 여러 음식에 많이 들어가며 특히 강한 항균작용이 있어 식중독 예방에도 도움이 되는 향신료이다.

동의보감 효능

자소(紫蘇, 시소)는 성질이 따뜻하고 맛이 매우며 독이 없다. 명치 밑이 불러 오르고 그득한 것과 곽란, 각기 등을 치료하는데 대소변이 잘 나오게 한다. 일체 냉기를 없애고 풍한 때 표사(表邪)를 헤친다. 또한 가슴에 있는 담과 기운을 내려가게 한다. 자소자(紫蘇子, 시소 열매)는 기운이 치밀어 오르며 딸꾹질이 나는 것을 치료하는데 중초를 고르게 하고 오장을 보하며 기운을 내린다. 곽란, 반위를 멎게 하고 대소변을 잘 나가게 하며 기침을 멎게 한다. 심과 폐를 눅여주고[潤] 담을 삭힌다. 또한 폐기로 숨이 찬 데도 쓴다. 귤 껍질의 약효도 잘 도와준다. 약간 닦아서 써야 한다.

동의보감에 수록된 자소(시소)와 자소자

한방 약미(藥味)와 약성(藥性)

잎

맛은 맵고 성질은 따뜻하다.

열매

맛은 맵고 성질은 따뜻하다.

한방 효능

잎
- 풍한(風寒)을 발산하고 차가운 기운을 없애주는 효능이 있다.
- 기(氣)를 소통시켜 위 주위를 조화롭게 하는 효능이 있다.
- 임산부와 태아를 안정시키는 효능이 있다.

열매
- 기를 내리는 효능이 있다.
- 천식을 멈추는 효능이 있다.
- 장(腸)을 윤택하게 하여 부드럽게 하고 대변(大便)이 잘 나오게 한다.

약효 해설

잎
- 오한, 열, 기침에 유효하다.
- 가래가 많은 기침을 없애준다.
- 오심구토를 제거하고 구취 방지 효과가 있다.
- 식욕 증진작용이 있다.
- 항균작용이 있다.

열매
- 기침할 때 숨은 가쁘나 가래 끓는 소리가 없는 증상에 유효하다.
- 변비에 효과가 있다.

일본에서 판매 중인 자소엽

1.60 재스민

영어명 : jasmine
한약명 : 말리화(茉莉花)
기타 명칭 : 백말리(白末利), 소남강(小南强)
학명 : *Jasminum sambac* (L.) Ait.
　　　　Jasminum officinale L.
　　　　Jasminum grandiflorum L.
과명 : 물푸레나무과(Oleaceae)
이용부위 : 꽃

건조시켜 향신료로 쓰는 재스민 꽃

재스민(*Jasminum sambac*) 지상부

재배지
종류에 따라 다르지만 주로 인도가 원산지이며 프랑스, 이탈리아, 인도, 중국이 주산지이다.

식품공전
한국 〈식품공전〉의 '식품에 사용할 수 있는 원료' 부분에 아라비안 재스민(*Jasminum sambac, Jasminum auriculatum*) 이름으로 꽃이 수재되어 있다.

요리 및 이용
꽃은 강한 방향을 가져 향수 등의 향료로 사용되었다. 꽃을 차나 요리에도 이용하며 입욕제로도 활용한다.

한방 약미(藥味)와 약성(藥性)
맛은 맵고 약간 달며 성질은 따뜻하다.

천연 향신료_재스민

재스민(*Jasminum sambac*) 꽃과 잎

재스민(*Jasminum sambac*) 꽃봉오리

재스민(*Jasminum sambac*) 꽃봉오리와 꽃

재스민 꽃

한방 효능

- 기를 다스려 통증을 멎게 한다.
- 더러운 것을 허물고 막힌 것을 열어낸다.

약효 해설

- 눈이 충혈되는 것을 낫게 한다.
- 현기증이 나고 머리가 어지러운 증상을 낫게 한다.
- 설사가 나고 배가 아픈 증상을 낫게 한다.

천연 향신료_재스민

1.61 주니퍼(노간주나무)

영어명 : juniper, juniper berry
기타 명칭 : geniévrier(프랑스어), ginepro(이탈리아어)
학명 : *Juniperus communis* L.(식물명: 노간주나무)
과명 : 측백나무과(Cupressaceae)
이용부위 : 잎, 열매

주니퍼(노간주나무) 지상부

주니퍼(노간주나무) 잎 　　　　　　　주니퍼(노간주나무) 열매와 줄기

재배지
그리스가 원산지이며 유럽, 북미, 호주에 분포한다.

식품공전
한국 〈식품공전〉의 '식품에 제한적으로 사용할 수 있는 원료' 부분에 노간주나무(*Juniperus communis, Juniperus rigida*) 열매가 수재되어 있으므로 식용할 수 있다.

요리 및 이용
열매에는 강한 향미가 있다. 열매, 잎을 그릴 생선 요리에 곁들이기도 하고 바비큐 요리에 사용하여 고기에 향을 돋우는 데 사용하며 허브 차로 이용하기도 한다.

약효 해설
- 당뇨병 치료에 도움이 된다.
- 아메리카 원주민들은 피임제로 사용했다.
- 류머티즘 관절염 치료에 유효하다.
- 이뇨작용이 있다.

천연 향신료_주니퍼(노간주나무)

1.62 진피

영어명 : citrus unshiu peel
한약명 : 진피(陳皮)_열매껍질, 귤핵(橘核)_씨
기타 명칭 : 귤인(橘仁), mandarine(프랑스어), mandarino(이탈리아어)
학명 : *Citrus unshiu* Markovich(식물명: 귤나무)
Citrus reticulata Blanco
과명 : 운향과(Rutaceae)
이용부위 : 열매껍질

건조시켜 '진피'라는 약재로 쓰는 귤껍질

귤의 열매껍질을 '진피'라고 한다.

재배지
한국, 중국, 일본에서 재배한다.

6진양약
〈동의보감〉 탕액편에는 '6진양약(六陳良藥)'의 한약을 수록해두고 있다. 이 약들은 진피를 비롯하여 낭독, 지실, 반하, 마황, 오수유로서 모두 오래 보관해뒀던 것을 쓰는 것이 좋다고 설명하고 있다.

식품공전
한국 〈식품공전〉의 '식품에 사용할 수 있는 원료' 부분에 진피라는 이름으로 껍질이 수재되어 있다.

요리 및 이용
진피는 귤껍질을 건조한 것으로서 차로 활용한다.

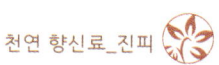

천연 향신료_진피

제주도의 귤 농장

수확한 귤

한방 약미(藥味)와 약성(藥性)
맛은 맵고 쓰며 성질은 따뜻하다.

한방 효능
- 기(氣)를 통하게 하고 기가 치솟은 것을 내리는 효능이 있다. 또한 중초(中焦)를 조화롭게 하고 위의 활동을 도와 식욕을 돋우어 준다.
- 습사를 없애고 담(痰)을 삭인다.

약효 해설
- 식욕부진에 유효하다.
- 기침이 나고 가래가 나는 증상을 치료한다.
- 딸꾹질을 멈추게 한다.

1.63 차이브

영어명 : chives
기타 명칭 : ciboulette, civette(프랑스어), cipoletta(이탈리아어)
학명 : *Allium schoenoprasum* L.
과명 : 백합과(Liliaceae)
이용부위 : 잎

건조시켜 향신료로 사용하는 차이브 잎

차이브 꽃

차이브 꽃과 줄기 영국의 차이브 향신료 제품

재배지
유럽, 북아시아가 원산지이며 프랑스, 이탈리아, 미국에 분포한다.

요리 및 이용
잎과 비늘줄기에 양파, 파 등과 비슷한 향미가 있으며, 이용 방법도 이들과 유사하다. 주로 잎을 사용하며 샐러드, 소스, 치즈의 향미 재료로 활용한다.

약효 해설
- 이뇨작용이 있다.
- 방부 효능이 있다.

1.64 참깨

영어명 : sesame
한약명 : 흑지마(黑芝麻)
기타 명칭 : 호마(胡麻), 흑호마(黑胡麻), sésame(프랑스어), sesamo(이탈리아어), 고마(胡麻, 일본어)
학명 : *Sesamum indicum* L.(식물명: 참깨)
과명 : 참깨과(Pedalidaceae)
이용부위 : 씨

참깨 씨

천연 향신료_참깨

참깨 재배밭

재배지

인도 동부 및 이집트가 원산지이며 아시아, 북미, 남미에서 재배한다.

요리 및 이용

식물성 지방산을 많이 함유하고 있어 고혈압 예방 등에 효과가 있다. 씨에는 휘발성 정유 성분이 거의 함유되어 있지 않지만 가열하면 향이 생긴다. 깨죽과 참기름 등으로 활용하며 볶은 씨를 갈아서 소금을 알맞게 섞어 깨소금으로도 사용한다. 음식에 씹히는 느낌을 주고 미관을 좋게 하기 위해 수프, 샐러드, 각종 음식 위에 뿌리기도 한다.

동의보감 효능

호마(胡麻, 참깨)는 성질이 평(平)하고 맛이 달며[甘] 독이 없다. 기운을 돕고 살찌게 하며 골수와 뇌수를 충실하게 하고 힘줄과 뼈를

참깨 지상부

검은 참깨 씨

튼튼하게 하며 오장을 눅여준다. 골수를 보하고 정(精)을 보충해주며 오래 살게 하고 얼굴빛이 젊어지게 한다. 환자가 허해져 말할 기운조차 없어 할 때는 검정참깨(胡麻)를 쓴다.

한방 약미(藥味)와 약성(藥性)
맛은 달고 성질은 평(平)하다.

한방 효능
- 간과 신을 보익하는 효능이 있다.
- 혈을 자양하고 정기(精氣)를 보익하는 효능이 있다.
- 장(腸)을 윤택하게 하여 부드럽게 하고 대변이 잘 나오게 한다.

약효 해설
- 간신이 허약하여 머리털이 일찍 희어지고 어지러운 증상에 유효하다.
- 질병 치료 후의 허약증상 회복에 좋다.
- 강장, 해독작용이 있다.
- 고혈압, 동맥경화의 예방에 효과가 있다.

동의보감에 수록된 참깨(호마)

천연 향신료_참깨

1.65 처빌

영어명 : chervil, garden chervil
기타 명칭 : cerfeuil(프랑스어)
학명 : *Anthriscus cerefolium* L. Hoffm.
과명 : 산형과(Apiaceae, Umbelliferae)
이용부위 : 잎

처빌 잎과 줄기

처빌 지상부

재배지
이란에서 러시아 남부에 이르는 중앙아시아가 원산지이며 프랑스, 아메리카, 브라질에서 많이 재배한다.

식품공전
한국 〈식품공전〉의 '식품에 사용할 수 없는 원료' 부분에 챠빌 명칭으로 뿌리가 수재되어 있으므로 우리나라에서는 뿌리를 식용할 수 없다.

요리 및 이용
조리하지 않고 직접 먹었을 때 파슬리보다 더 온화한 향과 맛이 난다. 유럽과 일본에서는 생선 요리, 야채 요리, 샐러드, 수프, 소스에 자주 이용하는 향신료이다. 차에 넣어 마시면 소화를 촉진시키는 효과가 있다.

약효 해설
- 식욕 증진작용이 있다.
- 혈압 강하작용이 있다.
- 이뇨, 거담 효능이 있다.
- 딸꾹질에 유효하다.

처빌 잎

1.66 치자

영어명 : gardenia, cape jasmine, cape jessamine
한약명 : 치자(梔子)
기타 명칭 : 쿠치나시(巵子, 일본어)
학명 : *Gardenia jasminoides* Ellis(식물명: 치자나무)
과명 : 꼭두서니과(Rubiaceae)
이용부위 : 열매

건조시켜 약재로 쓰는 치자 열매

치자나무 지상부

재배지
중국, 일본이 원산지이며 한국, 중국, 일본에서 재배한다.

식품공전
한국 〈식품공전〉의 '식품에 사용할 수 있는 원료' 부분에 치자 열매가 수재되어 있다.

요리 및 이용
음식이나 옷을 황색으로 착색할 목적으로 한국이나 중국, 일본 등지에서 예전부터 사용되어오고 있다. 꽃에는 재스민과 비슷한 방향이 있다.

동의보감 효능
치자(梔子)는 성질은 차며 맛이 쓰고 독이 없다. 가슴과 대소장에 있는 심한 열과 위 안에 있는 열[胃中熱氣], 그리고 속이 답답한 것

동의보감에 수록된 치자

[煩悶]을 낫게 한다. 열독을 없애고 오림[五淋: 기림(氣淋), 노림(勞淋), 고림(膏淋), 석림(石淋), 혈림(血淋)] 등 다섯 가지 종류의 임질을 낫게 하며 오줌을 잘 나가게 하고 다섯 가지 황달을 낫게 하며 소갈을 멎게 한다. 입안이 마르고 눈이 충혈되며 붓고 아픈 것, 얼굴까지 벌게지는 주사비, 문둥병, 창양(瘡瘍)을 낫게 하고 지충의 독을 없앤다.

한방 약미(藥味)와 약성(藥性)
맛은 쓰고 성질은 차다.

한방 효능
- 열을 내리고 수습(水濕, 인체 진액이 병리적으로 변한 것)을 빼다.
- 열로 인해서 생긴 혈열을 식히고 해독하는 효능이 있다.
- 허열을 내리고 답답하고 손발이 버둥거리는 증상을 치료한다.

치자 꽃봉오리

치자 꽃

치자 잎

치자 꽃

약효 해설
- 두통에 효과가 있다.
- 눈 충혈 제거에 효과가 있다.
- 열병으로 인해 가슴 속이 답답하고 편안하지 못한 증상에 유효하다.
- 습열이 원인이 되어 일어나는 황달 증상에 사용한다.
- 이담작용이 있다.
- 진정작용이 있다.

덜 익은 치자 열매

❶❷ 황적색으로 익어가는 치자 열매

1.67 치커리

영어명 : chicory
한약명 : 국거(菊苣)_지상부, 국거근(菊苣根)_뿌리
기타 명칭 : chicorée à café(프랑스어), cicoria(이탈리아어)
학명 : *Cichorium intybus* L.
과명 : 국화과(Asteraceae, Compositae)
이용부위 : 지상부, 뿌리

치커리 재배밭

치커리 지상부

치커리 잎

재배지
유럽이 원산지이며 프랑스에서 대량 재배한다.

요리 및 이용
잎을 샐러드로 식용하며 뿌리는 차로 제조하여 이용한다. 뿌리에는 카페인이 함유되어 있지 않지만 커피 대용품으로 사용되고 있다.

건강기능식품의 기능성
- 치커리는 우리나라 〈건강기능식품〉에 수재되어 있다.
- 기능성은 혈중 콜레스테롤 개선, 식후 혈당 상승 억제, 배변활동 원활에 도움을 준다.
- 치커리 추출물 식이섬유의 일일섭취량은 혈중 콜레스테롤 개선과 식후 혈당 상승 억제에 도움을 줄 수 있는 양은 7.2~20g이며, 배변활동을 원활하게 하는 데 도움을 줄 수 있는 양은 6.4~20g이다.

치커리 꽃과 줄기

치커리 꽃

한방 약미(藥味)와 약성(藥性)
지상부
맛은 쓰고 성질은 차다.
뿌리
맛은 쓰고 떫으며 성질은 서늘하다.

한방 효능
지상부
- 열사를 제거하고 열독을 풀어준다.
- 이뇨시켜 부종을 가라앉히는 효능이 있다.

뿌리
- 열을 내리는 효능이 있다.
- 건위 효능이 있다.

약효 해설
지상부
- 식욕부진에 좋다.
- 황달형 간염, 신장염에 유효하다.

뿌리
- 소화불량에 좋다.
- 배가 몹시 부르며 속이 답답한 병증을 치료한다.

1.68 카더몬(소두구)

영어명 : cardamon, cardamom
한약명 : 소두구(小豆蔻)
기타 명칭 : cardamomier(프랑스어), cardamomo(이탈리아어)
학명 : *Elettaria cardamomum* Maton(식물명: 소두구)
과명 : 생강과(Zingiberaceae)
이용부위 : 열매

카더몬 열매

재배지
인도 남부지역이 원산지이며 스리랑카, 탄자니아가 주산지이다.

생강과 식물의 향신료
향이 나는 식물에는 생강과(科) 식물이 많이 포함되어 있다. 카더몬인 소두구를 비롯하여 고량강, 대고량강(갈량갈), 백두구, 익지, 초두구, 초과 그리고 강황, 아출, 울금 등이 있다.

요리 및 이용
카더몬은 사프란 다음으로 고가의 향신료로서 강한 매운 맛이 있다. 북유럽에서는 빵, 페이스트리, 케이크의 풍미를 더하는 용도로 사용하고 피클용 향신료로도 활용한다.

한방 효능
위(脾)를 튼튼하게 하고 인체 내에 침입한 풍사(風邪, 질병을 일으키는 원인이 되는 바람)를 제거한다.

약효 해설
- 강장작용이 있다.
- 최음작용이 있다.
- 구강 청량작용이 있다.
- 담즙 분비 촉진작용이 있다.
- 식욕 증진작용이 있다.

인도의 흑(黑) 카더몬

프랑스의 카더몬 제품

1.69 캐러웨이

영어명 : caraway
한약명 : 장회향(藏茴香)
기타 명칭 : 갈루자(葛縷子), carvi(프랑스어), carvi(이탈리아어), 히메우이쿄우(姬茴香, 일본어)
학명 : *Carum carvi* L.
과명 : 산형과(Apiaceae, Umbelliferae)
이용부위 : 열매

캐러웨이 열매

캐러웨이 지상부 　　　　　　　　　　캐러웨이 잎

재배지
유럽 중부, 지중해 지역, 서아시아와 중앙아시아가 원산지이며 프랑스, 이탈리아, 아프리카에서 재배한다.

식품공전
한국 〈식품공전〉의 '식품에 사용할 수 있는 원료' 부분에 캐러웨이 이름으로 씨가 수재되어 있다.

요리 및 이용
후추 맛이 나는 향신료로서 씨 가루는 커리 파우더를 만드는 데 이용하고 케이크, 빵, 쿠키에도 사용한다.

한방 약미(藥味)와 약성(藥性)
맛은 맵고 달며 성질은 따뜻하다.

한방 효능
- 기(氣)를 통하게 하고 위 활동을 도와 식욕을 돋우게 한다.
- 한사(寒邪)를 없애고 통증을 멈추는 효능이 있다.

약효 해설
- 복부가 차고 아픈 증상을 낫게 한다.
- 소화불량에 유효하다.

1.70 캐모마일

영어명 : chamomile, camomile
기타 명칭 : camomille romaine(프랑스어), camomilla romana(이탈리아어)
학명 : *Matricaria chamomilla* L.(식물명: 독일캐모마일, 헝가리캐모마일)
  Chamaemelum nobile L.(식물명: 로마캐모마일, 영국캐모마일)
과명 : 국화과(Asteraceae, Compositae)
이용부위 : 꽃, 잎

캐모마일(*Matricaria chamomilla*) 꽃

캐모마일(*Matricaria chamomilla*) 지상부

재배지
지중해 지역과 유럽 서남부가 원산지이며 프랑스, 헝가리 등 유럽 각지에서 재배한다.

캐모마일의 종류
Matricaria chamomilla 종은 독일 캐모마일(German chamomile), 헝가리 캐모마일(Hungarian chamomile)로 불리는 일반적인 캐모마일이다. *Chamaemelum nobile* 종은 로마 캐모마일(Roman chamomile), 영국 캐모마일(English chamomile)로 불리는 캐모마일이다.

식품공전
한국 〈식품공전〉의 '식품에 사용할 수 있는 원료' 부분에 캐모마일 이름으로 꽃, 잎이 수재되어 있다.

요리 및 이용
유럽에서 허브 차라고 하면 캐모마일을 가리킬 정도로 요리보다

천연 향신료_캐모마일

허브 차로서 광범위하게 이용하고 있다. 말린 꽃을 차로 만들어 향기를 즐기며 차로 마신다.

약효 해설
- 항염증, 방부작용이 있다.
- 진경, 구풍 효과가 있다.
- 방향성 고미건위약으로 쓰인다.

❶❷ 캐모마일(*Matricaria chamomilla*) 꽃

❶❷ 프랑스의 캐모마일 제품

1.71 캐트닙(개박하)

영어명 : catnip, catnep, catswort, catmint
한약명 : 심엽형개(心葉荊芥)
기타 명칭 : 개박하, herbe aux chats(프랑스어),
　　　　　　cataire(이탈리아어), 이누학카(犬薄荷, 일본어)
학명 : *Nepeta cataria* L.
과명 : 꿀풀과(Lamiaceae, Labiatae)
이용부위 : 지상부

캐트닙 잎

캐트닙 지상부

❶❷ 캐트닙 꽃

재배지
유럽과 중앙아시아, 서남아시아가 원산지이며 프랑스, 미국을 비롯하여 전 세계에서 재배한다.

요리 및 이용
잎을 조미료나 약용으로 사용한다. 잎은 수프, 소스의 향을 내는 데 사용하며 샐러드에 넣기도 한다. 잎을 건조하여 허브 차로 마시면 잠을 유도하는 진정작용과 해열 효과가 나타난다. 캐트닙(catnip)은 고양이가 이 식물을 좋아한다고 해서 붙여진 영어 이름이다.

한방 약미(藥味)와 약성(藥性)
맛은 맵고 성질은 서늘하다.

한방 효능
- 풍사(風邪)를 흩어지게 하고 열기를 식힌다.
- 혈액순환을 원활하게 하고 지혈 효능이 있다.

약효 해설
- 허브 차는 진정, 해열 효과가 있다.
- 두통, 발열을 치료한다.
- 결막염에 효과가 있다.
- 관절염, 치통에 유효하다.

천연 향신료_캐트닙(개박하)

1.72 커리플랜트

영어명 : curry plant
학명 : *Helichrysum italicum* (Roth) G. Don fil.
　　　　[=*Helichrysum angustifolium* (Lam.) DC]
과명 : 국화과(Asteraceae, Compositae)
이용부위 : 잎

커리플랜트 잎

커리플랜트 지상부

재배지
지중해 인근에서 자란다.

요리 및 이용
잎에서 커리 가루와 비슷한 향이 나며, 잎을 요리에 넣어 향신료로 활용한다.

약효 해설
- 소염작용이 있다.
- 항진균작용이 있다.
- 화상 치료에 효과가 있다.
- 항알러지 효능이 있다.

커리플랜트 꽃봉오리

커리플랜트 잎

1.73 커민

영어명 : cumin
한약명 : 자연(孜然)
기타 명칭 : 안식회향(安息茴香), 쯔란(孜然, 중국어), yi-ra(타이어), 바킨(馬芹, 일본어)
학명 : *Cuminum cyminum* L.
과명 : 산형과(Apiaceae, Umbelliferae)
이용부위 : 열매

커민 열매

재배지
지중해 지역과 아시아 서부가 원산지로 추정되며 인도, 중국, 멕시코가 주산지이다.

커민과 소회향
커민과 소회향(딜의 열매)의 열매 형태는 비슷하다. 필자는 중국에서 사진을 찍을 때마다 이 열매들을 혼동하여 매번 상점 주인에게 이름을 물어보고 나서야 촬영했다.

요리 및 이용
열매는 독특하고 강한 향, 그리고 약한 매운맛과 쓴맛을 가지고 있다. 동유럽 요리에서는 이 향신료를 수프, 소스, 생선 요리, 육류 요리에 첨가한다. 인도 카레에는 커민을 반드시 배합하며 멕시코 요리에도 잘 쓰인다.

한방 약미(藥味)와 약성(藥性)
맛은 맵고 성질은 따뜻하다.

한방 효능
- 한사(寒邪)를 없애고 통증을 멈추는 효능이 있다.
- 기 순환을 도와주고 위 부근을 조화롭게 해주는 효능이 있다.

약효 해설
- 소화불량에 효과가 있다.
- 월경불순에 도움이 된다.
- 복부가 차고 아픈 증상을 치료한다.
- 강장, 최음작용이 있다.

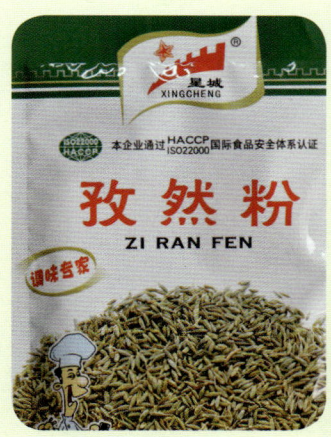
중국의 커민 제품

파키스탄의 커민 제품

커민 열매

중앙아시아 키르기스스탄의
커민 제품

천연 향신료_커민

1.74 케이퍼

영어명 : caper, caper bush
한약명 : 노서과(老鼠瓜)_뿌리껍질, 잎, 열매
기타 명칭 : câpres(프랑스어), cappero(이탈리아어)
학명 : *Capparis spinosa* L.
과명 : 풍접초과(Capparidaceae)
이용부위 : 꽃봉오리, 뿌리껍질, 잎, 열매

건위, 진통 효능이 있는 케이퍼 열매

재배지
지중해 지역이 원산지이며 프랑스, 이탈리아, 스페인이 주산지이다.

식품공전
한국 〈식품공전〉의 '식품에 사용할 수 있는 원료' 부분에 케이퍼 이름으로 순(筍)이 수재되어 있다.

케이퍼 열매

요리 및 이용
향신료로 이용하는 부위는 꽃봉오리다. 이 꽃봉오리는 생선 요리와 육류 요리 등에 강한 짠맛과 신맛을 내는 데에 널리 사용한다. 특히 케이퍼 피클은 연어 요리에 빠지지 않고 함께 나온다. 토마토 피자의 토핑에 활용하면 좋고 샐러드, 파스타 소스에 첨가하기도 한다.

한방 약미(藥味)와 약성(藥性)
뿌리껍질, 잎, 열매의 맛은 쓰고 매우며 성질은 따뜻하다.

한방 효능
뿌리껍질, 잎, 열매
- 풍(風)을 제거하고 통증을 멈추는 효능이 있다.
- 습사(濕邪)와 한사(寒邪)를 제거하는 효능이 있다.

약효 해설
꽃봉오리
- 건위, 진통작용이 있다.
- 항류머티즘 효능이 있다.

천연 향신료_케이퍼

1.75 코리앤더(고수)

영어명 : coriander_열매
한약명 : 호유(胡荽, 고수)_지상부, 호유자(胡荽子)_열매
기타 명칭 : 향채(香菜), coriandre(프랑스어), coriandro(이탈리아어), phak chee(타이어)
학명 : *Coriandrum sativum* L.(식물명: 고수)
과명 : 산형과(Apiaceae, Umbelliferae)
이용부위 : 지상부, 열매

건조한 고수의 열매(코리앤더)

타이완식물원에서 재배 중인 고수. 열매를 '코리앤더'라 부른다.

재배지
지중해 동부지역과 아시아 서부에서 유래되었으며, 전 세계적으로 널리 재배되고 있다.

코리앤더와 고수
한방에서 식물인 고수의 지상부와 열매를 한약명으로 각각 호유(胡荽), 호유자(胡荽子)라고 하며, 이 호유자를 코리앤더라고도 부른다.

식품공전
한국 〈식품공전〉의 '식품에 사용할 수 있는 원료' 부분에 고수 이름으로 열매와 잎이 수재되어 있다.

요리 및 이용
코리앤더의 특이한 향미는 아시아, 중동, 멕시코 요리에서 빠질 수 없는 재료이다. 특유의 '빈대' 냄새가 나는데 어떤 사람들은 좋아하고 어떤 사람들은 싫어한다. 중국이나 태국에서는 잎(고수)을

고수 잎

열매를 코리앤더로 부르는 고수의 꽃

향신료로 사용하는 고수의 열매(코리앤더)

향미채소로 사용하지만 유럽에서는 주로 열매(코리앤더)를 향신료로 사용한다. 열매는 곱게 갈아 소시지나 고기를 굽기 전에 발라 향을 가미한다.

동의보감 효능

호유(胡荽, 고수)는 성질이 따뜻하고[溫] 평(平)하다고도 한다. 맛이 매우며[辛] 독이 약간 있다. 음식이 소화되게 하고 소장기(小腸氣)와 심규(心竅)를 통하게 하며 홍역 때 꽃과 마마 때 구슬이 잘 돋지 않는 것을 치료한다. 오랫동안 먹으면 정신이 나빠지고 잊어버리기를 잘한다. 그리고 겨드랑이에서 냄새가 나게 된다. 호유자(胡荽子, 고수 열매, 코리앤더)는 어린이가 머리가 헐어서 머리털이 빠지는 것, 다섯 가지 치질과 고기를 먹고 중독된 것, 하혈하는 것을 치료한다.

동의보감에 수록된 고수(호유)와 코리앤더(호유자)

한방 약미(藥味)와 약성(藥性)

지상부
맛은 맵고 성질은 따뜻하다.

열매
맛은 맵고 시며 성질은 평(平)하다.

한방 효능

지상부
- 음식을 잘 소화시키고 식욕을 돋우어주는 효능이 있다.
- 통증을 멎게 하고 해독하는 효능이 있다.

열매
- 위를 튼튼하게 하고 배가 더부룩하거나 아픈 병증을 제거하는 효능이 있다.
- 기를 통하게 하고 통증을 멈추는 효능이 있다.

중국 산동성 웨이하이 시장에서 판매 중인 고수 잎과 줄기

방글라데시의 코리앤더 제품

천연 향신료_코리앤더(고수)

약효 해설

지상부
- 배가 더부룩하거나 아픈 병증에 유효하다.
- 두통, 치통에 지통 효과가 있다.

열매
- 식욕부진에 유효하다.
- 복부가 부르고 통증이 있는 증상에 유효하다.
- 두통, 치통에 좋다.

중국 네이멍구자치구 츠펑(赤峰)시의 한 식당에 손님들이 고수를 자유롭게 가져갈 수 있도록 진열해두었다.

중국 랴오닝성 선양(瀋陽)시의 한 식당에서 나온 고수가 들어간 우육면(牛肉麵)

중국 닝샤회족자치구 룽더(隆德)현의 한 식당에서 나온 생선 요리에 고수가 들어가 있다.

1.76 코카

영어명 : coca
한약명 : 고가(古柯)
기타 명칭 : cocalier(프랑스어), coca(이탈리아어)
학명 : *Erythroxylon coca* Lamarck(식물명: 코카)
과명 : 코카과(Erythroxylaceae)
이용부위 : 잎

코카나무 잎

천연 향신료_코카

코카나무 지상부

재배지
페루, 볼리비아가 원산지이며 남미 지역이 주산지이다.

남미에서는 식용
남미 안데스 지역의 주민들은 코카 잎을 종교의식에 사용하거나 차, 술, 식용 분말 등의 원료로 쓴다. 볼리비아는 최근 코카 잎 재배의 양성화 정책을 도입하여 코카 잎으로 만든 사탕, 빵, 껌, 에너지 음료 등 다양한 제품을 개발했다.

식품공전
한국 〈식품공전〉의 '식품에 사용할 수 없는 원료' 부분에 코카 잎이 수재되어 있으므로 우리나라에서는 식용할 수 없다.

요리 및 이용
잎에 약한 방향이 있다. 미국 FDA에서는 코카인(cocaine) 성분을 제거한 것만 식품으로 사용을 허가하고 있다.

코카 성분
코카 잎의 성분인 코카인은 국소마취작용 및 표면마취작용이 강하며 의존성이 있다. 즉 정신적 의존성이 강하고 환각, 망상 상태 등의 정신병이 나타난다. 극약, 마약으로 취급하고 있다.

한방 약미(藥味)와 약성(藥性)
맛은 쓰고 성질은 따뜻하다.

약효 해설
- 국소마취작용이 있다.
- 진통, 동공 확대 목적으로 사용한다.

코카나무 잎

코카나무 잎과 줄기

1.77 콜라너트

영어명 : cola nut
기타 명칭 : colatier(프랑스어), cola(이탈리아어)
학명 : *Cola acuminata* Schott et Endlicher
과명 : 벽오동과(Sterculiaceae)
이용부위 : 씨

콜라너트 잎

❶❷ 콜라너트 꽃

재배지
서아프리카가 원산지이며 남미, 중미, 인도네시아가 주산지이다.

요리 및 이용
콜라 음료의 제조에 필수적인 향신료이지만 현재는 합성제품으로 대체되어 사용한다. 코카는 잎을 사용하지만 콜라너트는 씨를 이용한다.

약효 해설
- 위액 분비 촉진작용이 있어 소화를 돕는다.
- 이뇨, 지사작용이 있다.
- 상처 부위의 염증을 치료한다.
- 주성분은 카페인이며 적은 양의 테오브로민(theobromine) 성분도 함유한다.
- 고혈압, 심장질환, 궤양이 있는 사람은 콜라를 제한해야 한다.

1.78 클로브(정향)

영어명 : cloves
한약명 : 정향(丁香)
기타 명칭 : 정자(丁子), 백리향(百里香), giroflier(프랑스어), chiodi di garofano(이탈리아어)
학명 : *Syzygium aromaticum* Merrill et Perry
　　　　(식물명: 정향나무)
과명 : 정향나무과(Myrtaceae)
이용부위 : 꽃봉오리

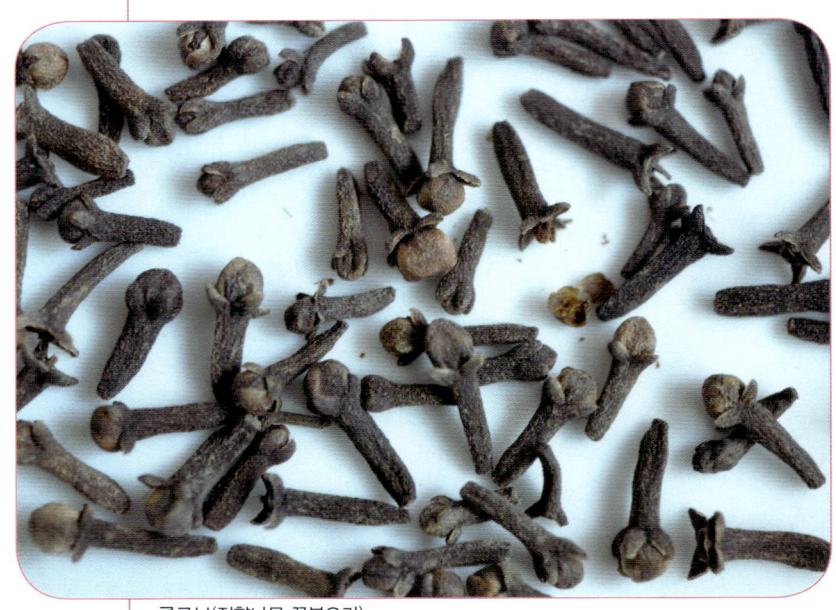

클로브(정향나무 꽃봉오리)

정향나무. 말린 꽃봉오리를 '클로브(정향)'라 부른다.   클로브 잎

재배지
인도네시아의 몰루카(Molucca) 군도가 원산지이며 인도네시아, 말레이시아, 베트남, 인도, 스리랑카가 주산지이다.

식품공전
한국 〈식품공전〉의 '식품에 사용할 수 있는 원료' 부분에 정향나무 이름으로 잎과 꽃봉오리가 수재되어 있다.

요리 및 이용
향이 강하므로 아주 적은 양을 사용해야 한다. 전통적으로 클로브를 오렌지에 찔러 넣어 방에 매달아 벌레를 쫓는 방역용으로 이용한다. 카레, 소스, 케이크, 빵, 다진 고기, 과일 디저트에 향을 내는 데 활용한다.

클로브(정향) 정유 성분의 효능
정유 성분 중 주성분은 유게놀(eugenol)이다. 이 성분은 살균, 방부작용과 소염, 이담작용이 있다.

한방 약미(藥味)와 약성(藥性)
맛은 맵고 성질은 따뜻하다.

천연 향신료_클로브(정향)

클로브(건조한 정향나무 꽃봉오리)

동의보감에 수록된 클로브(정향)

동의보감 효능

비위를 따뜻하게 하고 곽란, 신기(腎氣), 분돈기(奔豚氣)와 냉기(冷氣)로 배가 아프고 음낭이 아픈 것을 낫게 한다. 또한 성기능을 높이고 허리와 무릎을 덥게 하며 반위증(反胃, 음식물이 들어가면 토하는 병증)을 낫게 하고 술독과 풍독을 없애며 여러 가지 종기를 낫게 한다. 치감(齒疳, 잇몸이 곪고 썩는 병)을 낫게 하며 여러 가지 향기를 낸다.

한방 효능

- 위 주위를 따뜻하게 하여 오심, 구토를 가라앉히는 효능이 있다.
- 신(腎)을 보하고 양기(陽氣)를 보한다.

약효 해설

- 소화불량, 급만성 위장염에 사용한다.
- 치과에서 국소마취, 진통의 목적으로 사용한다.
- 치통 완화작용, 구취 방지작용이 있다.
- 구강청정제로 쓰인다.
- 구토, 설사, 이질을 치료한다.

1.79 타임

영어명 : thyme
한약명 : 지초(地椒)
기타명칭 : 사향초(麝香草), 백리향(百里香), thym(프랑스어)
학명 : *Thymus vulgaris* L.(식물명: 타임)
  Thymus quinquecostatus Celakovski(식물명: 백리향)
과명 : 꿀풀과(Lamiaceae, Labiatae)
이용부위 : 지상부

타임(*Thymus vulgaris*)의 지상부

천연 향신료_타임

재배지
유럽 남부, 지중해 지역이 원산지이며 프랑스, 스페인, 그리스, 이탈리아가 주산지이다.

타임의 기원
식물인 타임 또는 백리향의 지상부를 생약명으로 타임이라 부른다.

식품공전
한국 〈식품공전〉의 '식품에 사용할 수 있는 원료' 부분에 타임 이름으로 잎이 수재되어 있다.

요리 및 이용
요리에 사용되는 기본 허브 중 하나로서 소량 사용한다. 강한 방향이 있으며 향이 백 리까지 간다고 하여 백리향으로도 불린다. 생선 및 고기 요리의 필수 재료이며 샐러드, 수프에 넣어 먹는다.

채취한 타임의 잎줄기

건조한 타임의 줄기

타임(*Thymus vulgaris*) 잎

타임(*Thymus vulgaris*) 꽃

한방 약미(藥味)와 약성(藥性)
맛은 맵고 성질은 평(平)하다.

한방 효능
- 풍(風)을 제거하고 기침을 없애준다.
- 비(脾)를 튼튼하게 하고 기를 잘 돌게 한다.
- 소변 볼 때 아프거나 시원하게 나가지 않는 증상을 치료한다.

약효 해설
- 소화불량에 유효하다.
- 기침, 가래 제거에 좋다.
- 치통에 유효하다.

타임 씨

천연 향신료_타임

백리향(*Thymus quinquecostatus*) 꽃과 잎   백리향(*Thymus quinquecostatus*) 잎

백리향(*Thymus quinquecostatus*) 지상부

1.80 탠지(쓴국화)

영어명 : tansy
기타 명칭 : tanaisie(프랑스어), tanaceto(이탈리아어)
학명 : *Tanacetum vulgare* L.(식물명: 쓴국화)
과명 : 국화과(Asteraceae, Compositae)
이용부위 : 두상화(頭狀花, 꽃대 끝에 많은 꽃이 붙어 머리 모양을 이룬 꽃), 잎

탠지 두상화

천연 향신료_탠지(쓴국화)

탠지 잎

탠지 두상화와 잎

탠지 지상부

재배지

유럽이 원산지이며 한국, 일본, 중국 동북지방, 몽골, 중앙아시아, 캐나다에 분포한다.

요리 및 이용

잎에는 장뇌(樟腦, 천연빙편이라고도 하며 독특한 방향이 있음)와 비슷한 향이 난다. 다량으로 먹으면 인체에 유해하므로 요리에 사용할 때는 소량 쓰는 것이 좋다.

약효 해설

- 소화작용이 있다.
- 간 장애 치료에 쓰인다.
- 조충 구제약으로 사용된다.
- 류머티즘 치료에 쓰인다.

천연 향신료_탠지(쓴국화)

터머릭류 1_강황

영어명 : tumeric, curcuma longa rhizome
한약명 : 강황(薑黃)
기타 명칭 : curcuma(프랑스어), curcuma(이탈리아어), 우콘(鬱金, 일본어)
학명 : Curcuma longa Linné(식물명: 강황)
과명 : 생강과(Zingiberaceae)
이용부위 : 뿌리줄기

강황 뿌리줄기

강황의 꽃

강황

재배지
인도가 원산지이며 동남아에서 많이 재배하고 있다.

강황과 울금
일본에서는 *Curcuma longa*의 뿌리줄기를 울금, *Curcuma aromatica*의 뿌리줄기를 강황으로 부른다. *Curcuma longa*의 뿌리줄기를 한국에서는 강황, 그리고 일본에서는 울금으로 부르고 있어 혼동을 일으키기도 한다.

식품공전
한국 〈식품공전〉의 '식품에 사용할 수 있는 원료' 부분에 뿌리줄기가 수재되어 있다.

방약합편
강황이라는 이름으로 우리나라 한방서인 〈방약합편〉의 '향기 나는 한약(방초, 芳草)' 편에 수재되어 있다.

요리 및 이용
카레 요리에 빠지지 않는 향신료로서 분말로 사용한다. 향신료뿐

아니라 마가린, 버터, 치즈 등에 착색할 목적으로 황색 착색료로도 활용한다.

동의보감 효능

강황(薑黃)의 성질은 열(熱)하며 맛은 맵고 쓰며[辛苦] 독이 없다. 징가(癥瘕)와 혈괴(血塊), 옹종(癰腫)을 낫게 하며 월경을 잘하게 한다. 다쳐서 어혈이 진 것을 삭게 한다. 냉기를 헤치고 풍을 없애며 기창(氣脹)을 삭아지게 한다. 효과가 울금(鬱金)보다 강한데, 썰어서 식초에 축여 볶아 쓴다.

한방 약미(藥味)와 약성(藥性)

맛은 맵고 쓰며 성질은 따뜻하다.

한방 효능

- 어혈(瘀血)을 깨뜨려 기가 정체된 것을 풀어서 순행시켜 주는 효능이 있다.
- 경맥의 흐름을 원활하게 하여 통증을 멎게

동의보감에 수록된 강황

인도의 강황 가루

강황이 들어간 일본의 카레 우동

일본의 강황 차 제품　　　　　인도네시아의 강황 차 제품

하는 효능이 있다.

약효 해설
- 이담, 혈압강하, 항균의 약리작용이 있다.
- 간 기능장애로 옆구리가 아픈 것을 제거한다.
- 건위, 식욕 증진작용이 있다.

참고
터머릭류 2_ 아출(280쪽), 터머릭류 3_ 울금(283쪽)

1.82 터머릭류 2_아출

영어명 : zedoary
한약명 : 아출(莪朮)
학명 : *Curcuma wenyujin* Y. H. Chen et C. Ling.
(식물명: 온울금, 溫鬱金)

Curcuma kwangsiensis S. G. Lee et C. F. Liang
(식물명: 광서아출, 廣西莪朮)

Curcuma phaeocaulis Val.(식물명: 봉아출, 蓬莪朮)
과명 : 생강과(Zingiberaceae)
이용부위 : 뿌리줄기

아출의 뿌리줄기(절단 세절 건조)

중국에서 재배 중인 광서아출. 이 식물의 뿌리줄기를 아출이라 한다.

재배지
식물 온울금은 중국 저장(浙江)성, 광서아출은 중국 광시(廣西)좡족자치구, 봉아출은 중국 광둥(廣東)성, 푸젠(福建)성에서 대량 재배한다.

아출이란?
아출(莪朮)은 봉아출(蓬莪朮), 광서아출(廣西莪朮) 또는 온울금(溫鬱金)의 뿌리줄기를 그대로 또는 수증기로 쪄서 말린 것이다.

방약합편
아출이라는 이름으로 우리나라 한방서인 〈방약합편〉의 '향기 나는 한약(방초, 芳草)' 편에 수재되어 있다.

동의보감 효능
봉아출(蓬蓬莪, 아출)의 성질은 따뜻하고[溫] 맛은 쓰며 맵고[苦辛] 독이 없다. 모든 기를 잘 돌게 하고 월경을 잘하게 하며 어혈을 풀리게 하고 명치 아래와 배가 아픈 것을 멎게 한다. 현벽(痃癖)을 삭이고 분돈(奔豚)을 낫게 한다.

한방 약미(藥味)와 약성(藥性)
맛은 맵고 쓰며 성질은 따뜻하다.

한방 효능
- 기를 잘 돌게 하고 어혈을 없앤다.
- 배가 더부룩하거나 아픈 병증을 제거하고 통증을 없애는 효능이 있다.

약효 해설
- 소화기능 감퇴로 음식의 소화가 잘 안 되고 헛배가 부르면서 아픈 증상을 해소시킨다.
- 체한 음식을 제거하고 통증을 완화시킨다.
- 건위, 항종양의 약리작용이 있다.

참고
터머릭류 1_ 강황(276쪽), 터머릭류 3_ 울금(283쪽)

동의보감에 수록된 아출(봉아출)

중국에서 재배 중인 온울금. 이 식물의 뿌리줄기를 아출이라 한다.

1.83 터머릭류 3_울금

영어명 : curcuma root
한약명 : 울금(鬱金)
학명 : *Curcuma wenyujin* Y. H. Chen et C. Ling.
(식물명: 온울금, 溫鬱金)

Curcuma longa Linné(식물명: 강황, 薑黃)

Curcuma kwangsiensis S. G. Lee et C. F. Liang
(식물명: 광서아출, 廣西莪朮)

Curcuma phaeocaulis Val.(식물명: 봉아출, 蓬莪朮)

과명 : 생강과(Zingiberaceae)
이용부위 : 덩이뿌리

울금 덩이뿌리

중국의 온울금 재배지. 이 식물의 덩이뿌리를 울금이라 부른다.

재배지
식물 온울금은 중국 저장(浙江)성, 광서아출은 중국 광시(廣西)좡족자치구, 봉아출은 중국 광둥(廣東)성, 푸젠(福建)성에서 대량 재배한다.

울금이란?
울금(鬱金)은 온울금(溫鬱金), 강황, 광서아출(廣西莪朮) 또는 봉아출(蓬莪朮)의 덩이뿌리로서 그대로 또는 주피를 제거하고 쪄서 말린 것이다.

방약합편
울금의 이름으로 우리나라 한방서인 〈방약합편〉의 '향기 나는 한약(방초, 芳草)'편에 수재되어 있다.

동의보감 효능
울금(鬱金)의 성질은 차며[寒] 맛은 맵고 쓰며[辛苦] 독이 없다. 혈적(血積)을 낫게 하며 기를 내리고 혈림(血淋, 피가 섞인 오줌이 나오는 임증)과 피오줌을 낫게 하며, 쇠붙이에 다친 것과 혈기로 가슴이 아픈 것[心痛]을 낫게 한다[본초]. 울금은 몹시 향기롭지 않으나 그 기운이 가볍고 날쌔어[揚] 술기운을 높은 데로 올라가게 하고

중국의 광서아출. 이 식물의 덩이뿌리를 울금이라 한다.

울금

신기(神氣)를 내려오게 한다. 옛사람들은 몰리고 막혀서 잘 헤쳐지지 않는 데 울금을 썼다고 기재되어 있다.

한방 약미(藥味)와 약성(藥性)
맛은 맵고 쓰며 성질은 차다.

한방 효능
- 혈(血)의 운행을 활발히 하여 통증을 없앤다.
- 기를 잘 돌게 하고 울체(鬱滯)된 것을 풀어준다.
- 담(膽)의 기능을 원활하게 하여 황달을 없애는 효능이 있다.

약효 해설
- 간기능장애로 인한 생리통, 생리불순과 옆구리가 아픈 것을 치료한다.
- 토혈, 코피, 소변 출혈 등에 양혈지혈의 효능을 나타낸다.
- 담즙 분비 촉진, 건위, 항암의 약리작용이 있다.

동의보감에 수록된 울금

참고
터머릭류 1_ 강황(276쪽), 터머릭류 2_ 아출(280쪽)

1.84 파

영어명 : welsh onion, spring onion
한약명 : 총엽(葱葉, 파)_잎, 총백(葱白)_비늘줄기
기타 명칭 : 총(葱), ciboule(프랑스어), 네기(葱, 일본어)
학명 : *Allium fistulosum* L.(식물명: 파)
과명 : 백합과(Liliaceae)
이용부위 : 잎, 비늘줄기

식재료로 다듬은 파

파의 꽃

재배지

시베리아의 알타이 지역이 원산지로 알려져 있으며, 아시아 각지에서 재배한다.

요리 및 이용

그대로는 향이 없지만 자르거나 조직을 파괴하면 효소가 작용하여 매운 성분을 함유한 방향을 낸다. 이 매운 성분은 유화아릴 성분으로서 열에 약하다. 나물, 전, 김치로 만들어 먹으며 각종 요리에 활용한다.

동의보감 효능

총엽(蔥葉, 파 잎)은 여러 가지 헌데에 풍사가 침범했거나 물이 들어가서 붓고 아프면서 파상풍이 된 것을 치료한다. 총백(蔥白, 파의 밑동)은 성질이 서늘하고(평하다고도 한다) 맛이 매우며 독이 없다. 상한으로 추웠다 열이 나는 것, 중풍, 얼굴과 눈이 붓는 것, 후비

파 지상부

파 꽃

(喉痺)를 치료하고 태아를 편안하게 하며 눈을 밝게 하고 간에 있는 사기를 없애고 오장을 고르게 한다. 여러 가지 약독(藥毒)을 없애고 대소변을 잘 나가게 하는데 분돈과 각기 등을 치료한다. 파는 대체로 발산시키는 효과가 있기 때문에 많이 먹으면 정신이 흐려진다.

한방 약미(藥味)와 약성(藥性)
잎
맛은 맵고 성질은 따뜻하다.
비늘줄기
맛은 맵고 성질은 따뜻하다.

한방 효능
잎
- 땀을 내게 한다.
- 해독하고 부종을 없애는 효능이 있다.

비늘줄기
- 땀을 내게 하는 작용이 있다.
- 해독 효능이 있다.

약효 해설
잎
- 코 막히고 열 나는 증상을 낫게 한다.
- 땀을 나게 한다.

비늘줄기
- 열이 나고 추운 증상을 치료한다.
- 소화불량, 사지냉증에 효과가 있다.

동의보감에 수록된 파 밑동(총백)과 잎(총엽)

1.85 파라크레스

영어명 : paracress, spilanthes, toothache plant
한약명 : 천문초(天文草)
기타 명칭 : cresson de Para(프랑스어), spilante(이탈리아어)
학명 : *Spilanthes acmella* L. var. oleracea Clark
      (= *Acmella oleracea* R.K.Jansen)
과명 : 국화과(Asteraceae, Compositae)
이용부위 : 지상부

파라크레스 지상부

파라크레스 꽃과 잎, 줄기

파라크레스 꽃(두상화)

재배지
남미가 원산지이며, 열대의 대부분 지역에 분포한다.

요리 및 이용
동남아시아와 중국에서는 식용식물로 잘 알려져 있으며 유럽에서는 식욕증진제로 사용한다. 잎에는 산초 같은 독특한 풍미가 있어 향신료로 이용한다. 특히 어린잎은 샐러드, 수프, 스튜에 넣어 먹을 수 있다.

한방 약미(藥味)와 약성(藥性)
맛은 맵고 쓰며 성질은 약간 따뜻하다.

한방 효능
- 기침과 천식을 멎게 한다.
- 해독하여 수습(水濕, 인체 진액이 병리적으로 변한 것)을 빼는 효능이 있다.
- 옹저(癰疽)나 상처가 부은 것을 없애고 통증을 없애는 효능이 있다.

약효 해설
- 치통 완화에 효과가 있다.
- 폐결핵, 장염 치료에 도움이 된다.

1.86 파슬리

영어명 : parsley, garden parsley
기타 명칭 : 한근채(旱芹菜), persil(프랑스어), prezzemolo(이탈리아어)
학명 : *Petroselinum crispum* (Mill.) Nyman.
과명 : 산형과(Apiaceae, Umbelliferae)
이용부위 : 잎, 뿌리

파슬리 잎

파슬리 어린잎

재배지
지중해 지역, 서아시아가 원산지이며 프랑스, 독일, 스페인, 캐나다가 주산지이다.

요리 및 이용
파슬리는 장식용으로 요리에 올리기도 하지만 잎을 깨끗이 씻어 말린 후 가루로 만들어 샐러드 소스나 각종 요리에 뿌려 먹으며, 생잎은 고명과 수프, 샐러드, 생선 및 육류 요리의 풍미를 증진시키는 재료로 즐겨 사용한다. 잎보다 줄기가 강한 향을 내며 찜 요리, 육수 등에 사용하면 좋은 맛과 향을 낼 수 있다.

약효 해설
- 구취 방지 효과가 있다.
- 소화 촉진작용이 있다.
- 항류머티즘과 요로결석 치료 효능이 있다.
- 이뇨작용이 있다.

천연 향신료_파슬리

구불구불한 파슬리 어린잎이 자라면서 펴지는 모습

파슬리 잎

파슬리를
향신료로 사용한
버섯 요리

1.87 팔랑개비국화

영어명 : cornflower, bachelor's button
기타 명칭 : 수레국화, bleuet(프랑스어), fioraliso(이탈리아어)
학명 : *Centaurea cyanus* L.
과명 : 국화과(Asteraceae, Compositae)
이용부위 : 꽃

팔랑개비국화 꽃

팔랑개비국화 지상부

팔랑개비국화 꽃(위에서 본 모습)

팔랑개비국화 잎과 줄기

재배지
지중해 연안, 서아시아 지역이 원산지이며 지중해 연안, 유럽, 북미에서 재배한다.

식품공전
한국 〈식품공전〉의 '식품에 사용할수 있는 원료' 부분에 팔랑개비국화 명칭으로 꽃잎이 수재되어 있으므로 식용이 가능하다.

요리 및 이용
지상부와 꽃에 쓴맛이 있지만 말리면 쓴맛과 방향이 약해진다. 꽃잎만 따서 샐러드에 넣어 먹을 수 있으며 말린 꽃은 허브 차로도 활용한다.

약효 해설
- 강장작용이 있다.
- 이뇨 효능이 있다.

1.88 페넬(회향)

영어명 : fennel
한약명 : 회향(茴香)_열매
기타 명칭 : fenouil(프랑스어), finocchio(이탈리아어)
학명 : *Foeniculum vulgare* Miller(식물명: 회향)
과명 : 산형과(Apiaceae, Umbelliferae)
이용부위 : 열매, 잎

페넬(회향) 열매

페널(회향) 지상부

재배지
지중해 지역이 원산지이며 프랑스, 이집트, 인도, 중국, 북미가 주산지이다.

식품공전
한국 〈식품공전〉의 '식품에 사용할 수 있는 원료' 부분에 회향의 명칭으로 잎, 줄기, 열매, 씨가 수재되어 있다.

방약합편
대회향의 이름으로 우리나라 한방서인 〈방약합편〉의 '향기 나는 한약(방초, 芳草)' 편에 수재되어 있다.

요리 및 이용
오랫동안 페널은 생선 요리의 맛을 더하기 위한 중요한 허브로 사용되었다. 생선 요리, 닭고기 요리에 이용하며, 빵과 케이크를 만들 때 반죽 위에 뿌리거나 과일 샐러드에 사용하기도 한다. 향신료로서 일반적으로 씨를 사용하지만 잎, 줄기, 뿌리도 이용 가능

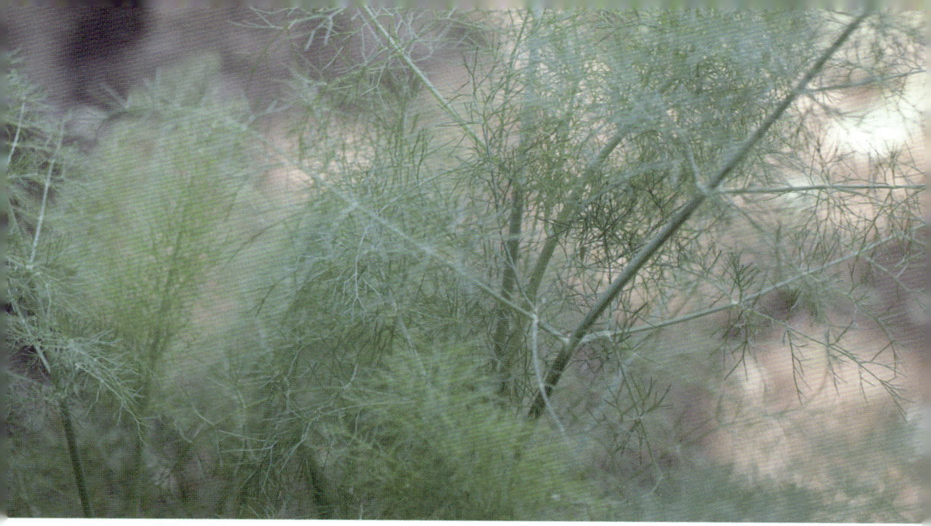

페널(회향) 잎

하다. 잎을 잘게 다져 신선한 야채 요리에 넣으면 상쾌하고 약간 자극적인 맛을 낸다. 생선 비린내를 없애는 데도 유용하다.

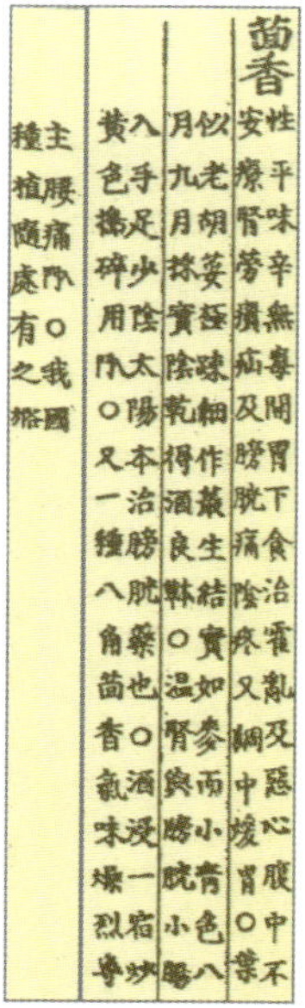
茴香
性平味辛無毒開胃下食治霍亂及惡心腹中不安療腎勞㿉疝及膀胱痛陰疼又調中煖胃○葉似老胡荽極疎細作叢生結實如麥而小青色八月九月採實陰乾得酒良鞕○溫腎與膀胱小腸入手足少陰太陽本治膀胱藥也○酒浸一宿炒黃色擣碎用之○又一種八角茴香氣味燥烈專主腰痛之○我國種植隨處有之

동의보감에 수록된 페널(회향)

동의보감 효능

회향(茴香, 페널)의 성질은 평(平)하고 맛은 매우며 독이 없다. 음식을 잘 먹게 하며 소화를 잘 시키고 곽란과 메스껍고 뱃속이 편안치 못한 것을 낫게 한다. 신로(腎勞)와 퇴산(㿉疝), 방광이 아픈 것, 음부가 아픈 것을 낫게 한다. 또 중초(中焦)를 고르게 하고 위(胃)를 덥게 한다. 또 한 가지 종류는 팔각회향(八角茴香)인데 성질과 맛이 조열(燥熱)하며 주로 요통에 쓴다.

한방 약미(藥味)와 약성(藥性)

열매의 맛은 맵고 성질은 따뜻하다.

페넬(회향) 꽃 페넬(회향) 꽃 무리

회향의 열매인 페넬

회향(페널) 나무줄기.
줄기도 향신료로 사용한다.

프랑스의 페널(회향) 제품

한방 효능
열매
- 간신(肝腎)의 냉증을 제거하여 아랫배가 아픈 증상을 치료한다.
- 기(氣)를 소통시켜 통증을 멎게 한다.
- 위기(胃氣)를 조화롭게 한다.

약효 해설
열매
- 신장의 기능이 허약해져서 나타나는 요통을 치료한다.
- 소화를 도와준다.
- 복부 냉증, 구토 증상에 유효하다.
- 구취 방지 효능이 있다.
- 강장작용이 있다.

천연 향신료_페널(회향)

1.89 페니로열

영어명 : pennyroyal, quaw mint, mosquito plant
기타 명칭 : menthe douce(프랑스어), menta ricciuta(이탈리아어)
학명 : *Mentha pulegium* L.
과명 : 꿀풀과(Lamiaceae, Labiatae)
이용부위 : 지상부, 잎

페니로열 지상부

무리를 지어 핀 페니로열 꽃

재배지
유럽, 북미, 서아시아가 원산지이며 스페인, 북미가 주산지이다.

요리 및 이용
말린 잎을 차로 마신다.

약효 해설
- 소화를 돕는다.
- 구풍작용, 즉 소화관에 가스가 차서 불쾌한 팽만감이 있을 때 장관(腸管)운동을 항진시켜서 가스를 제거한다.

페니로열 꽃

천연 향신료_페니로열

1.90 필발(인도긴후추)

영어명 : Indian long pepper
한약명 : 필발(蓽撥)
기타 명칭 : 인도긴후추, 필발(畢撥)
학명 : *Piper longum* Linné(식물명: 필발)
과명 : 후추과(Piperaceae)
이용부위 : 열매

필발(인도긴후추) 열매

필발 잎과 줄기 　　　　　　　　　　　　필발(인도긴후추) 잎

재배지
베트남, 인도네시아, 필리핀, 인도, 네팔, 스리랑카, 말레이시아 및 중국 남부지방에서 생산한다.

식품공전
한국 〈식품공전〉의 '식품에 제한적으로 사용할 수 있는 원료' 부분에 필발이라는 명칭으로 열매가 수재되어 있어 식용 가능하다.

방약합편
필발의 이름으로 우리나라 한방서인 〈방약합편〉의 '향기 나는 한약(방초, 芳草)' 편에 수재되어 있다.

요리 및 이용
열매는 특유한 방향이 있고 매운맛이 나므로 건조시켜 향신료나 조미료로 사용한다. 인도, 인도네시아, 말레이시아의 요리와 북미의 혼합 향신료로 활용되고 있다.

동의보감 효능
필발은 위(胃)가 찬 것을 없애고 음산(陰疝, 생식기와 고환이 붓고 아픈 병증)과 현벽(痃癖)을 낫게 한다. 곽란(霍亂), 냉기(冷氣)와 혈기

(血氣)로 가슴이 아픈 것을 낫게 하고 음식을 삭게 하며 비린 냄새를 없앤다.

한방 약미(藥味)와 약성(藥性)
맛은 맵고 성질은 열(熱)하다.

한방 효능
- 중초(中焦, 위 주위)를 따뜻하게 하여 한사(寒邪)를 제거한다.
- 기운을 아래로 내려 통증을 완화시키는 효능이 있다.

약효 해설
- 장위(腸胃)가 차서 일어나는 복부 동통, 구토, 식욕 감퇴, 설사 치료에 좋다.
- 두통, 고환이 붓고 아픈 증상, 축농증, 치통을 치료한다.
- 항균작용이 있다.
- 항암 효능의 성분이 함유되어 있다.

동의보감에 수록된 필발(인도긴후추)

필발(인도긴후추) 열매

프랑스의 필발(인도긴후추) 제품

1.91 한련(금련)

영어명 : nasturtium, garden nasturtium, Indian cress, monks cress
한약명 : 한련화(旱蓮花), 한금련(旱金蓮)
기타 명칭 : capucine tubéreuse(프랑스어),
nasturzio tuberoso(이탈리아어),
킨렌카(金蓮花, 일본어)
학명 : *Tropaeolum majus* L.(식물명: 한련화, 금련화)
과명 : 한련과(Tropaeolaceae)
이용부위 : 지상부

한련화 지상부

천연 향신료_한련(금련)

한련화 잎

재배지
페루, 브라질이 원산지이며 주산지는 남미, 미국, 프랑스, 독일이고 한국에도 분포한다.

식품공전
한국 〈식품공전〉의 '식품에 사용할 수 있는 원료' 부분에 한련, 금련 이름으로 잎, 꽃, 어린순이 수재되어 있다.

요리 및 이용
잎을 샐러드에 첨가하거나 치킨 샌드위치에 넣어 맛을 더 낼 수 있다.

한방 약미(藥味)와 약성(藥性)
맛은 맵고 시며 성질은 서늘하다.

한방 효능

- 열사를 제거하고 열독을 풀어준다.
- 열로 인해서 생긴 혈열을 식히고 지혈한다.

약효 해설

- 눈이 충혈되면서 붓고 아픈 증상에 유효하다.
- 토혈, 객혈 치료에 좋다.
- 소염작용이 있다.

❶❷❸❹ 한련화

천연 향신료_한련(금련)

1.92 헬리오트로프

영어명 : heliotrope, cherry pie, garden heliotrope
기타 명칭 : 향수초(香水草)
학명 : *Heliotropium arborescens* L.
   (=*Heliotropium peruvianum* L.)
과명 : 지치과(Boraginaceae)
이용부위 : 꽃

헬리오트로프 꽃

헬리오트로프 잎과 줄기

헬리오트로프 지상부

재배지
페루, 에콰도르가 원산지이며 우리나라에서도 재배한다.

명칭
라틴학명은 helios가 '태양', trope는 '향한다'는 뜻으로서 '태양을 향한다'는 의미를 가지고 있다. 영문명인 체리파이(cherry pie)는 헬리오트로프의 향기가 짙기 때문에 붙여진 이름이다. 포천 허브 아일랜드의 입구에도 대량 재배되고 있다.

요리 및 이용
꽃에는 초콜릿 향이 있어 향수의 원료로 사용하며, 고급 향료로서 여성들에게 인기가 많다.

약효 해설
- 해열작용이 있다.
- 진해작용이 있다.

헬리오트로프 잎

천연 향신료_헬리오트로프

1.93 호로파(페뉴그리크)

영어명 : fenugreek_씨
한약명 : 호로파(葫蘆巴)_씨
기타 명칭 : 호파(葫巴), fénugrec(프랑스어), fieno greco(이탈리아어)
학명 : *Trigonella foenum-graecum* L.(식물명: 호로파)
과명 : 콩과(Fabaceae, Leguminosae)
이용부위 : 씨, 잎

호로파(페뉴그리크) 씨

호로파 잎

호로파의 꽃과 잎. 씨는 '페뉴그리크'라 하며 향신료로 사용한다.

재배지
유럽 남부, 아시아 서부가 원산지이며 프랑스, 독일, 스페인, 중국이 주산지이다.

식품공전
한국 〈식품공전〉의 '식품에 사용할 수 있는 원료' 부분에 호로파의 명칭으로 열매, 씨가 수재되어 있다.

요리 및 이용
씨를 굽게 되면 향기가 나며 가루는 카레 요리, 피클에 첨가하여 활용한다. 어린잎은 약간 쓴맛이 나기도 하지만 전체적으로 좋은 향과 맛을 낸다. 그래서 샐러드 또는 샌드위치에 잎을 넣어 먹으면 훌륭한 맛을 즐길 수 있다.

건강기능식품의 기능성
- 호로파는 우리나라 〈건강기능식품〉에 수재되어 있다.

천연 향신료_호로파(페뉴그리크)

- 기능성은 혈당 상승 억제에 도움을 줄 수 있는 것이다.
- 일일섭취량은 호로파 종자 식이섬유로서 12~50g이다.

동의보감 효능

호로파(胡蘆巴, 페뉴그리크)는 성질은 따뜻하고 맛은 쓰며 독이 없다. 신이 허랭하여 배와 옆구리가 창만한 것, 얼굴빛이 검푸른 것을 낫게 한다. 신(腎)이 허랭한 것을 낫게 하는 데 가장 요긴한 약이라고 한 데도 있다.

한방 약미(藥味)와 약성(藥性)

씨

맛은 쓰고 성질은 따뜻하다.

한방 효능

씨

- 신기(腎氣)에 양기(陽氣)를 보태는 효능이 있다.
- 한습을 제거하는 효능이 있다.

동의보감에 수록된 호로파(페뉴그리크)

약효 해설

씨

- 신장의 기능이 허약해져서 나타나는 요통에 효과가 있다.
- 복부팽만, 비위허약에 유효하다.
- 최유작용이 있다.

호로파 꽃

호로파(페뉴그리크) 씨

태국의 호로파(페뉴그리크) 제품

1.94 홉

영어명 : hops
한약명 : 비주화(啤酒花)
기타 명칭 : 홀포(忽布), houblon(프랑스어), luppolo(이탈리아어)
학명 : *Humulus lupulus* L.(식물명: 홉)
과명 : 뽕나무과(Moraceae)
이용부위 : 암꽃이삭

홉의 잎

홉 지상부

재배지
원산지는 유럽, 아시아, 북미의 북부지역이며 독일, 프랑스, 이탈리아, 북미가 주산지이다.

요리 및 이용
맥주에 향과 쓴맛을 제공한다. 쓴맛은 식욕을 돋우고 위산 분비를 촉진하여 소화를 돕는다.

한방 약미(藥味)와 약성(藥性)
맛은 쓰고 성질은 약간 서늘하다.

한방 효능
- 위를 튼튼하게 하고 음식을 소화시킨다.
- 마음을 안정시키고 진정시킨다.
- 이뇨 효능이 있다.

약효 해설
- 불안, 불면증에 효과가 있다.
- 방광염, 폐결핵 치료에 도움이 된다.
- 기침, 가래 제거에 좋다.
- 식욕증진 효과가 있다.

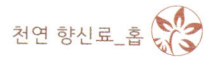

1.95 홍화

영어명 : safflower
한약명 : 홍화(紅花)_꽃, 홍화자(紅花子)_열매
기타 명칭 : carthame(프랑스어), cartamo(이탈리아어)
학명 : *Carthamus tinctorius* L.(식물명: 잇꽃)
과명 : 국화과(Asteraceae, Compositae)
이용부위 : 꽃(관상화)

건조한 홍화 꽃

홍화 잎

홍화 꽃

재배지
서남아시아가 원산지이며 유럽, 북미, 캐나다, 중국, 인도에서 재배한다.

식품공전
한국 〈식품공전〉의 '식품에 사용할 수 있는 원료' 부분에 홍화의 어린잎이 수재되어 있다.

요리 및 이용
홍화 꽃은 분말로 하여 요리에 사용하거나 착색료로도 활용 가능하다. 식물 자체에 강한 방향은 없지만 씨에 비휘발성 오일이 함유되어 있고, 이 오일 성분은 혈중 콜레스테롤 감소, 동맥경화 예방으로 알려진 리놀렌산이 많이 함유되어 있어 건강 식품으로 관심을 받고 있다.

건강기능식품의 기능성
- 홍화씨 유(油) 성분의 공액리놀레산은 우리나라 〈건강기능식품〉에 수재되어 있다.

홍화 지상부

- 기능성은 과체중인 성인의 체지방 감소에 도움을 줄 수 있는 것이다.
- 일일섭취량은 공액리놀레산으로 1.4~4.2g이다.
- 위장장애가 발생할 수 있어 영·유아, 임산부는 섭취를 삼가야 한다.

한방 약미(藥味)와 약성(藥性)
맛은 맵고 성질은 따뜻하다.

한방 효능
- 혈액 순환을 촉진하고 경맥의 흐름을 원활하게 한다.
- 어혈을 제거하고 통증을 없앤다.

약효 해설

- 통경작용이 있다.
- 타박상에 활용한다.
- 갱년기장애 등의 혈액순환장애 치료에 사용한다.
- 동맥경화의 예방 효과가 있다.
- 골절상에 씨를 볶아서 가루로 만들어 복용한다.

홍화 재배밭

홍화 열매

볶은 홍화 씨

홍화 씨 속

1.96 후추

영어명 : pepper
한약명 : 호초(胡椒)
기타 명칭 : poivre(프랑스어), pepe nero(이탈리아어)
학명 : *Piper nigrum* L.(식물명: 후추)
과명 : 후추과(Piperaceae)
이용부위 : 열매

후추나무에 달린 열매

후추나무 지상부

후추 열매

재배지
인도 말라바 지역이 원산지이며 인도, 인도네시아, 말레이시아, 태국, 브라질에서 대량 생산한다.

불로장수의 정력제
후추는 유럽에서는 기원전 400년경 아라비아 상인을 통하여 전래되었다. 유럽에서는 후추를 불로장수의 정력제라 믿었으며 후추의 산지인 인도와의 사이에 아라비아가 가로막고 있어서 아라비아 상인을 통하여 금이나 은보다도 비싼 값으로 구입하였다.

요리 및 이용
여러 나라의 많은 요리에 이용하는 향신료이다. 자극적인 매운맛과 향이 특징인 후추는 고기, 생선 요리, 수프 등에 첨가하여 활용한다.

천연 향신료_후추

후추 잎과 열매

후추를 미리 갈아놓으면 향을 빨리 잃으므로 가능하면 통후추를 보관했다가 사용할 때 갈아 쓰는 것이 좋다.

동의보감 효능

호초(胡椒, 후추)는 기를 내리고 속을 따뜻하게 하며 담을 삭이고 장부의 풍과 냉을 없애며 곽란과 명치 밑에 냉이 있어 아픈 것, 냉리(冷痢, 찬것과 생것, 불결한 음식을 지나치게 먹고 한기가 막혀서 통하지 않아 비의 양기가 상해서 발생하는 증상)를 낫게 한다. 또한 모든 생선, 고기 및 버섯 독을 풀어준다.

한방 약미(藥味)와 약성(藥性)

맛은 맵고 성질은 열(熱)하다.

한방 효능

- 중초(中焦, 위의 소화작용을 맡는 심장에서 배꼽 사이의 부분)를 따뜻하게 하여 한사(寒邪)를 제거하는 효능이 있다.
- 기(氣)를 다스려 통증을 멎게 하는 효능이 있다.

동의보감에 수록된 후추(호초)

후추 잎

중국의 하와이라 불리는 하이난 섬의 후추 재배단지.
후추는 '하이난의 6대 남약'에 속한다.

약효 해설

- 소량에서 식욕증진작용이 있다.
- 외용으로 습진에도 효과가 있다.
- 관절염 치료 효과가 있다.
- 소아의 소화불량에 의한 설사, 만성 기관지염과 천식, 신경쇠약에 임상 효과가 있다.

1.97 히솝

영어명 : hyssop
기타 명칭 : 신향초(神香草), hysope(프랑스어), issopo(이탈리아어)
학명 : *Hyssopus officinalis* L.
과명 : 꿀풀과(Lamiaceae, Labiatae)
이용부위 : 잎, 지상부

히솝 지상부

히섭의 잎

히섭의 꽃

재배지
유럽 남부와 동남부가 원산지이며 프랑스, 독일, 네덜란드가 주산지이다.

식품공전
한국 〈식품공전〉의 '식품에 사용할 수 있는 원료' 부분에 히섭이라는 명칭으로 꽃, 잎이 수재되어 있으므로 식용이 가능하다.

요리 및 이용
어린 생잎은 매콤한 냄새와 약간 쓴맛이 나므로 샐러드, 수프, 소스에 조금씩 넣어 사용한다. 말린 잎과 꽃은 육류와 생선 요리에 향신료로 사용하고 차로도 마실 수 있다. 히섭을 기름기 많은 음식과 먹으면 소화를 돕는 작용이 있다.

약효 해설
- 히섭의 오일은 전통적으로 기관지 질환에 사용했다.
- 살충, 진경작용이 있다.

히섭의 잎과 줄기

2장_식용 향기 식물

조선 말, 특히 고종 대에는 국세가 쇠퇴하고 내외의 정정(政情)이 많아 변천이 극에 달하여 의서(醫書)를 백성이 한가로이 접할 수 있는 세상이 되지 못하였다. 깊고 넓은 〈동의보감〉이나 〈의학입문〉 등을 읽고 있을 상황이 되지 못했으므로 좀 더 간략하고 쉽게 이해할 수 있는 의서를 요망하게 되었다.

당대의 명의였던 혜암(惠庵) 황도연(黃度淵)은 1855년(철종 6년)에 우선 〈부방편람〉 14권을 저술하였다. 이 책은 〈동의보감〉을 근본으로 하여 각종 질환의 치료법 중 유용한 것을 간추려 정리한 것이다. 그 후 여러 과정을 거쳐 그의 아들 필수(泌秀)가 개편하여 〈방약합편(方藥合編)〉 1권을 1885년(고종 22년)에 간행하였다.

〈방약합편〉은 한약을 산에서 나는 풀인 '산초', 향기 나는 풀인 '방초(芳草)', 습지에서 나는 풀인 '습초', 독이 있는 풀인 '독초', 덩굴 풀인 '만초', 물이나 물가에 나는 풀인 '수초' 등 44가지로 분류해놓고 있다. 〈방약합편〉의 향기 나는 한약인 방초 부분에는 33종의 한약이 소개되어 있다. 즉 당귀, 천궁, 사상자, 고본, 백지, 백작약, 적작약, 목향, 감송향, 고량강, 초두구, 초과, 백두구, 사인, 익지인, 필발, 육두구, 파고지, 강황, 울금, 아출, 삼릉, 향부자, 곽향, 택란, 향유, 형개, 박하, 자소엽, 자소자, 대회향, 소회향, 백합이다.

이 중 필발(인도긴후추), 육두구(넛메그), 강황, 울금, 아출, 박하, 자소엽(시소), 자소자(시소), 대회향(페널), 소회향(딜)은 제1장에서 소개했다. 제2장에서는 나머지 〈방약합편〉의 방초 한약, 즉 당귀, 천궁, 사상자, 고본, 작약, 고량강, 사인, 익지인, 택란, 향유, 형개에 대해 설명한다. 백작약과 적작약은 현재 작약으로 통일되어 있다.

〈방약 합편〉 수재 외에 향기 나는 한약으로 알려진 약재, 즉 강향, 몰약, 백단향, 백출, 백편두, 아선약, 안식향, 영릉향, 오약, 용뇌, 유향, 자단향, 창출, 침향, 후박도 함께 기재한다. 이들 식물 중에는 식품으로 사용 가능한 것과 한약으로만 사용해야 하는 식물이 있는데 이에 대한 구분은 본문 속에 설명되어 있다.

2.01 고량강

영어명 : alpinia officinari rhizome
한약명 : 고량강(高良薑)
학명 : *Alpinia officinarum* Hance (식물명: 고량강)
과명 : 생강과(Zingiberaceae)
이용부위 : 뿌리줄기

건조된 고량강 뿌리줄기

고량강 재배지

재배지
중국 남부지역, 특히 하이난(海南)성에서 대량 생산하며, 한국에서도 재배한다.

식품공전
한국 〈식품공전〉의 '식품에 제한적으로 사용할 수 있는 원료' 부분에 뿌리줄기가 수재되어 있으므로 식용할 수 있다.

방약합편
〈방약합편〉의 방초(芳草, 향기 나는 한약) 편에 고량강이 수재되어 있다.

한약의 냄새와 맛
이 약은 특유한 냄새가 있고 맛은 아주 맵다.

입냄새 날 때 효과
중국의 한약서인 〈중약대사전〉에는 '갑자기 속이 메슥거리고 멀

고량강 꽃봉오리

고량강 꽃

동의보감에
수록된 고량강

건 물을 토하는 증상을 치료하자면 주사위만 한 크기의 고량강 뿌리를 입에 물고 그 타액으로 입안에서 입가심하면 바로 낫는다. 입에서 역한 냄새가 날 때도 이 같은 방법으로 입에 물고 있는다. 초두구 가루를 넣고 함께 달여서 늘 마시면 좋다'고 설명하고 있다.

동의보감 효능
고량강의 성질은 약간 열하고[微熱] 맛은 맵고 쓰며[辛苦] 독이 없다. 위(胃) 속에서 냉기가 치미는 것과 곽란으로 토하고 설사하는

고량강 열매

채취한 고량강 뿌리줄기

것을 낫게 한다. 복통을 멎게 하고 설사, 이질[痢]을 낫게 하며 묵은 식체[宿食]를 내려가게 하고 술독을 풀어준다.

한방 약미(藥味)와 약성(藥性)
맛은 맵고 성질은 열(熱)하다.

한방 효능
- 비(脾)를 따뜻하게 하고 속이 메슥거려 토(吐)하려는 증상을 멈추게 한다.
- 병을 일으키는 냉기를 없애고 통증을 멈추는 효능이 있다.

약효 해설
- 비위가 차서 일어나는 복통, 구토, 설사에 효력이 강하다.
- 음식물이 들어가면 토하는 증상을 치료한다.
- 찬 음식이나 음료, 과일을 먹고 일어난 복통, 설사에도 효과가 있다.
- 구토와 설사, 식도암으로 인하여 생긴 반위(反胃)를 치료한다.

2.02 고본

한약명 : 고본(藁本)
학명 : *Ligusticum tenuissimum* Kitagawa(식물명: 고본)
　　　　 Ligusticum sinense Oliv.(식물명: 중국고본, 中國藁本)
　　　　 Ligusticum jeholense Nakai et Kitagawa
　　　　 (식물명: 요고본, 遼藁本)
과명 : 산형과(Apiaceae, Umbelliferae)
이용부위 : 뿌리줄기 및 뿌리

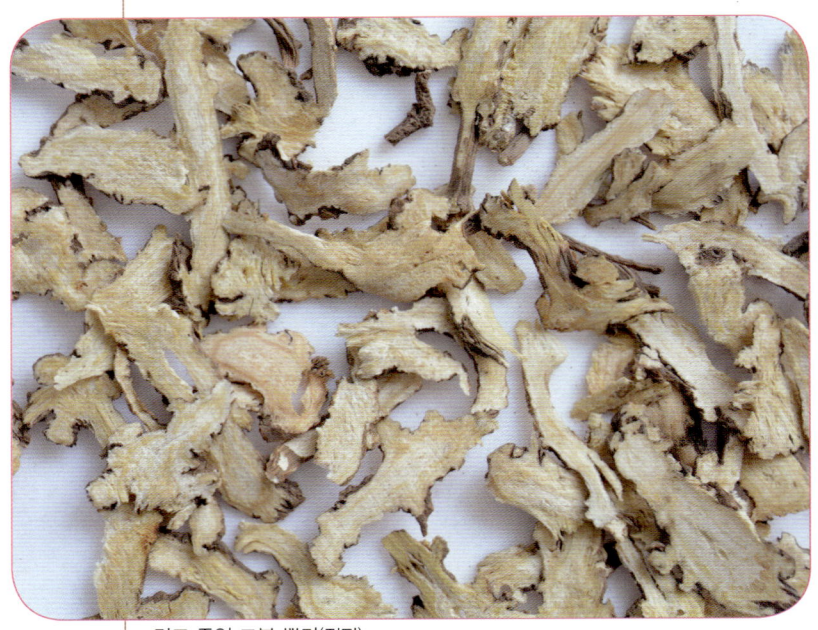

건조 중인 고본 뿌리(절편)

건조한 고본 뿌리줄기

재배지
한국, 중국 동부지역에 분포한다.

고본의 기원
한방에서 식물인 고본, 중국고본, 또는 요고본의 뿌리줄기 및 뿌리를 한약명으로 고본(藁本)이라 한다.

식품공전
한국 〈식품공전〉의 '식품에 제한적으로 사용할 수 있는 원료' 부분에 고본의 뿌리 및 뿌리줄기가 수재되어 있으므로 식용할 수 있다.

중국고본(*Ligusticum sinense*)의 잎

방약합편
〈방약합편〉의 방초(芳草, 향기 나는 한약) 편에 고본이 수재되어 있다.

중국고본(*Ligusticum sinense*)의 꽃

한약의 냄새와 맛
이 약은 특유한 냄새가 있고 맛은 맵다.

동의보감 효능
성질은 약간 따뜻하고(약간 차다고도 한다) 맛은 맵고 쓰며 독이 없다. 잎은 구릿대(백지)와 비슷하며 또 궁궁이(천궁)와도 비슷하나 고본의 잎은 가늘다. 그 뿌리 위에선 싹이 돋아나지만 밑으로는 마른 것 같기 때문에 고본이라 한다.

한방 약미(藥味)와 약성(藥性)
맛은 맵고 성질은 따뜻하다.

한방 효능
- 풍(風)과 한사(寒邪)를 제거하는 효능이 있다.
- 습사(濕邪)를 제거하는 효능이 있다.

동의보감에 수록된 고본

약효 해설

- 두통, 발열, 콧물에 쓴다.
- 피부 진균의 저해작용이 있다.

중국고본(*Ligusticum sinense*)의 꽃대

요고본(*Ligusticum jeholense*)의 채취한 뿌리

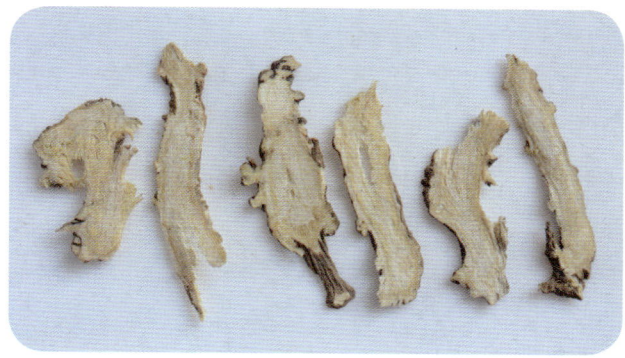

향신료 및 약재로 쓰이는 고본 뿌리(절편)

2.03 곽향(배초향)

한약명 : 곽향(藿香)
기타 명칭 : 토곽향(土藿香), 배초향(排草香)
학명 : *Agastache rugosa* (Fischer et Meyer) O. Kuntze
　　　　 (식물명: 배초향)
과명 : 꿀풀과(Lamiaceae, Labiatae)
이용부위 : 지상부

'곽향'이라는 한약재로 건조 가공한 배초향 지상부

배초향 꽃. 이 식물의 지상부를 한약명으로 '곽향'이라 부른다.

재배지
한국, 중국, 일본, 동시베리아 지역에 분포한다.

식품공전
한국 〈식품공전〉의 '식품에 사용할 수 있는 원료'에 배초향의 어린잎이, '식품에 제한적으로 사용할 수 있는 원료' 부분에는 배초향의 지상부가 수재되어 있으므로 식용할 수 있다.

방약합편
〈방약합편〉의 방초(芳草, 향기 나는 한약) 편에 곽향이 수재되어 있다.

한약의 냄새와 맛
이 약은 특유한 향기가 있고 맛은 담담하고 약간 시원하다.

식용 향기 식물_곽향(배초향)

동의보감 효능

곽향(藿香)은 풍수와 독종을 낫게 하며 나쁜 기운을 없애고 곽란을 멎게 하며 비위병으로 오는 구토와 구역질을 낫게 하는 데 가장 필요한 약이다.

한방 약미(藥味)와 약성(藥性)

맛은 맵고 성질은 약간 따뜻하다.

한방 효능

- 습(濕)을 말려 위기(胃氣)가 조화롭지 못한 것을 치료한다.
- 풍한(감기 또는 고뿔)을 발산시키고 여름에 날씨가 몹시 더워 생기는 병을 낫게 한다.

약효 해설

- 구토, 설사, 이질을 치료한다.
- 복부창만, 식욕부진에 유효하다.

동의보감에 수록된 곽향(배초향)

배초향 잎

배초향의 꽃

배초향의 종자 결실 과정

'곽향'이라는 한약재로 건조 가공한 배초향 지상부

식용 향기 식물_곽향(배초향)

2.04 당귀

영어명 : angelica gigas root
한약명 : 당귀(當歸)
학명 : *Angelica gigas* Nakai(식물명: 참당귀)
과명 : 산형과(Apiaceae, Umbelliferae)
이용부위 : 뿌리

참당귀 생뿌리

참당귀(*Angelica gigas*) 잎

재배지
한국, 중국에서 생산한다.

당귀의 기원
우리나라에서는 참당귀(*Angelica gigas*)의 뿌리를 한약 당귀로 사용하나, 일본에서는 일당귀(*Angelica acutiloba*)의 뿌리를 한약 당귀(當歸)로 쓴다.

식품공전
한국 〈식품공전〉의 '식품에 사용할 수 있는 원료' 부분에 참당귀의 뿌리가 수재되어 있으므로 식용할 수 있다.

방약합편
〈방약합편〉의 방초(芳草, 향기 나는 한약) 편에 당귀가 수재되어 있다.

동의보감 효능
모든 풍병(風病), 혈병(血病), 허로(虛勞)를 낫게 하며 궂은 피를 헤치고[破惡血] 새 피를 생겨나게 한다. 징벽(癥癖)과 여성의 붕루(崩

일당귀(*Angelica acutiloba*) 꽃

참당귀(*Angelica gigas*) 꽃

동의보감에 수록된 당귀

漏)와 불임(不姙)에 주로 쓰며 여러 가지 나쁜 창양(瘡瘍)과 쇠붙이에 다쳐서 어혈이 속에 뭉친 것을 낫게 한다. 이질로 배가 아픈 것을 멎게 하며 온학(溫瘧)을 낫게 하고 오장을 보(補)하며 살이 살아나게 한다. 기혈(氣血)이 혼란된 때에 먹으면 곧 안정된다. 그것을 각기 해당한 곳으로 가게 하는 효과가 있기 때문에 상체의 병을 낫게 하려면 술에 담갔다 쓰고, 겉에 병을 낫게 하려면 술로 씻어서 쓰며, 혈병에 쓸 때에는 술에 축여 쪄서, 담이 있을 때에는 생강즙에 축여 볶아서 쓴다.

한약의 냄새와 맛
이 약은 특유한 냄새가 있고 맛은 약간 쓰면서 달다.

한방 약미(藥味)와 약성(藥性)
맛은 달고 매우며 성질은 따뜻하다.

일당귀(*Angelica acutiloba*) 꽃 무리   일당귀(*Angelica acutiloba*) 열매

한방 효능
- 풍(風)을 제거하고 경락에 기가 잘 통하게 한다.
- 혈(血)의 운행을 활발히 하여 통증을 없앤다.
- 보익약(補益藥), 즉 원기가 부족해서 일어나는 병증을 치료하는 약물이다.

약효 해설
- 보혈작용이 있다.
- 사지관절에 동통이 있는 것을 치료한다.
- 타박상, 골절상에 혈액순환을 활발하게 한다.

당귀 뿌리(세절 건조)   일당귀 뿌리(건조)   중국당귀의 뿌리(건조)

2.05 백출

영어명 : atractylodes rhizome white
한약명 : 백출(白朮)
학명 : *Atractylodes japonica* Koidzumi(식물명: 삽주)
　　　　Atractylodes macrocephala Koidzumi(식물명: 백출)
과명 : 국화과(Asteraceae, Compositae)
이용부위 : 뿌리줄기

'백출'이라는 약재로 쓰는 삽주 뿌리줄기(세절 건조)

삽주(*Atractylodes japonica*) 지상부. 이 식물의 뿌리줄기를 한약명으로 '백출'이라 한다.

재배지
삽주는 우리나라 전역, 일본, 중국 동북지방에 분포한다.

백출의 기원
한방에서는 식물인 삽주 또는 백출의 뿌리줄기를 한약명으로 백출(白朮)이라 한다.

식품공전
한국 〈식품공전〉의 '식품에 제한적으로 사용할 수 있는 원료' 부분에 삽주(*Atractylodes japonica*) 뿌리줄기가 수재되어 있으므로 식용할 수 있다.

한약의 냄새와 맛
이 약은 특유한 냄새가 있고 맛은 약간 쓰다.

동의보감 효능
백출(白朮)의 성질은 따뜻하고[溫] 맛이 쓰며[苦] 달고[甘] 독이 없다. 비위를 든든하게 하고 설사를 멎게 하고 습을 없앤다. 또한 소

삽주(*Atractylodes japonica*) 열매와 잎

삽주(*Atractylodes japonica*) 열매

동의보감에 수록된 백출

화를 시키고 땀을 거두며 명치 밑이 몹시 그득한 것과 곽란으로 토하고 설사하는 것이 멎지 않은 것을 치료한다. 허리와 배꼽 사이의 혈을 잘 돌게 하며 위(胃)가 허랭(虛冷)하여 생긴 이질을 낫게 한다.

한방 약미(藥味)와 약성(藥性)
맛은 맵고 달며 성질은 따뜻하다.

한방 효능
- 약해진 비(脾)의 기능을 강하게 하고 원기를 돕는다.
- 습사를 없애고 소변을 잘 나가게 한다.
- 임산부와 태아를 안정시키는 효능이 있다.

약효 해설
- 배가 더부룩하고 메스꺼운 증상을 치료한다.
- 설사, 복통, 위궤양 등에 유효하다.

2.06 백편두

영어명 : dolichos seed
한약명 : 백편두(白扁豆)
기타 명칭 : 편두, 까치콩, 편두콩, 제비콩
학명 : *Dolichos lablab* Linné (식물명: 편두)
과명 : 콩과(Fabaceae, Leguminosae)
이용부위 : 씨

편두의 씨(백편두)

편두 지상부. 이 식물의 씨를 '백편두'라 한다.

재배지
우리나라에서 재배되며 인도, 중국에서 많이 생산한다.

식품공전
한국 〈식품공전〉의 '식품에 사용할 수 있는 원료' 부분에 씨가 수재되어 있으므로 식용할 수 있다.

한약의 냄새와 맛
특유한 냄새가 있으며 맛은 담담하다.

한방 약미(藥味)와 약성(藥性)
맛은 달고 성질은 약간 따뜻하다.

한방 효능
- 약해진 비(脾)의 기능을 강하게 하고 습사(濕邪)를 없앤다.
- 중초(中焦)를 조화롭게 하고 더위를 없앤다.

약효 해설

- 더위로 구갈이 심하면서 가슴이 답답한 증상을 해소한다.
- 여름에 오랫동안 설사가 그치지 않을 때 사용한다.
- 주독(酒毒)을 제거한다.

편두 떡잎   편두의 씨(백편두)

중국 간쑤성 룽시(龍西)현의 한 식당에 나온 편두 싹으로 만든
편두아반파채(扁豆芽拌波菜) 요리

식용 향기 식물_백편두

2.07 백합

한약명 : 백합(百合)
학명 : *Lilium lancifolium* Thunberg(식물명: 참나리)
　　　　Lilium brownii var. *viridulun* Baker(식물명: 백합)
　　　　Lilium pumilum DC.(식물명: 큰솔나리)
과명 : 백합과(Liliaceae)
이용부위 : 비늘줄기

참나리의 비늘줄기를 '백합'이라는 한약재로 사용(절편 건조)

참나리 꽃. 이 식물의 비늘줄기를 '백합'이라 한다.

재배지
한국, 중국, 일본에 분포한다.

백합의 기원
한방에서 식물인 참나리, 백합 또는 큰솔나리의 비늘줄기를 한약명으로 백합(百合)이라 한다.

식품공전
한국 〈식품공전〉의 '식품에 사용할 수 있는 원료' 부분에 비늘줄기가 수재되어 있으므로 식용할 수 있다.

방약합편
〈방약합편〉의 방초(芳草, 향기 나는 한약) 편에 백합이 수재되어 있다.

한약의 냄새와 맛
이 약은 냄새가 없고 맛은 약간 쓰다.

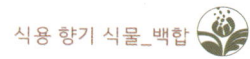

참나리 잎과 줄기

참나리에 주아가 달린 모습

참나리 꽃봉오리

동의보감 효능
상한의 백합병(百合病)을 낫게 하고 대소변을 잘 나가게 하며 모든 사기와 헛것에 들려 울고 미친 소리로 떠드는 것을 낫게 한다. 고독(蠱毒)을 죽이며 유옹(乳癰), 등창[發背], 창종(瘡腫)을 낫게 한다.

한방 약미(藥味)와 약성(藥性)
맛은 달고 성질은 차다.

한방 효능
- 열사(熱邪)가 심포(心包)에 침입한 것을 치료하고 마음을 안정시키고 진정시킨다.
- 음(陰)을 자양하고 폐의 진액을 보충하여 윤택하게 한다.

약효 해설
- 정신을 안정시킨다.
- 진해작용이 있다.

동의보감에 수록된 백합

2.08 사상자

한약명 : 사상자(蛇床子)
기타 명칭 : 사미(蛇米)
학명 : *Cnidium monieri* (L). Cuss(식물명: 벌사상자)
　　　　Torilis japonica Decandolle(식물명: 사상자)
과명 : 산형과(Apiaceae, Umbelliferae)
이용부위 : 열매

'사상자'라는 한약재로 사용하는 벌사상자 열매

벌사상자(*Cnidium monieri*) 지상부. 이 식물의 열매를 '사상자'라 한다.

재배지
한국, 중국, 몽골, 시베리아 지역에 분포한다.

사상자의 기원
한방에서 식물인 벌사상자 또는 사상자의 열매를 한약명으로 사상자(蛇床子)라 부른다.

식품공전
한국 〈식품공전〉의 '식품에 사용할 수 있는 원료' 부분에 벌사상자의 열매가 수재되어 있으므로 식용할 수 있다.

방약합편
〈방약합편〉의 방초(芳草, 향기 나는 한약) 편에 사상자가 수재되어 있다.

벌사상자(*Cnidium monieri*) 꽃과 잎

벌사상자(*Cnidium monieri*) 꽃

한약의 냄새와 맛
이 약은 특유한 향기가 있고 맛은 약간 맵고 혀를 자극한다.

동의보감 효능
여성의 음부가 부어서 아픈 것과 남자의 음위증(陰痿證), 사타구니가 축축하고 가려운 데 쓴다. 속을 덥히고 기를 내린다. 자궁을 덥게 하고 양기를 강하게 한다. 남녀의 생식기를 씻으며 풍랭(風冷)을 없앤다. 성욕을 왕성하게 하며 허리가 아픈 것, 사타구니에 땀이 나는 것, 진버짐이 생긴 것 등을 낫게 한다. 오줌이 많은 것을 줄이며 적백대하를 치료한다.

한방 약미(藥味)와 약성(藥性)
맛은 맵고 쓰며 성질은 따뜻하다.

동의보감에 수록된 사상자

식용 향기 식물_사상자

한방 효능

- 습사를 없애고 풍(風)을 제거하는 효능이 있다.
- 신양(腎陽)을 보하고 양기(陽氣)를 강건하게 한다.

약효 해설

- 음부가 습하여 가려운 것을 치료한다.
- 회충 구제 효과가 있다.
- 성호르몬 유사작용이 있다.

벌사상자의 열매는 '사상자'라는 한약재로 사용한다.

2.09 사인

영어명 : amomum fruit
한약명 : 사인(砂仁)
기타 명칭 : 축사(縮砂)
학명 : *Amomum villosum* Loureiro var. *xanthioides* T. L. Wu et Senjen(식물명: 녹각사, 綠殼砂)
Amomum villosum Loureiro(식물명: 양춘사, 陽春砂)
과명 : 생강과(Zingiberaceae)
이용부위 : 열매

약재로 쓰이는 사인 열매(건조)

식용 향기 식물_사인

중국 윈난성 재배지에서 자라는 사인 지상부

재배지
동남아와 중국 남부에서 생산한다.

사인의 기원
한방에서 식물인 녹각사 또는 양춘사의 열매를 한약명으로 사인(砂仁)이라 부른다.

식품공전
한국 〈식품공전〉의 '식품에 제한적으로 사용할 수 있는 원료' 부분에 씨가 수재되어 있으므로 식용 가능하다.

방약합편
〈방약합편〉의 방초(芳草, 향기 나는 한약) 편에 사인이 수재되어 있다.

한약의 냄새와 맛
이 약은 특유한 향기가 있고 맛은 맵고 청량감이 있으며 약간 쓰다.

한방 약미(藥味)와 약성(藥性)

맛은 맵고 성질은 따뜻하다.

동의보감 효능

축사밀(縮砂蜜, 사인)은 모든 기병[氣]과 명치 아래와 배가 아프며 음식에 체하여 소화되지 않는 것과 설사와 적백이질을 낫게 한다. 비위(脾胃)를 덥게 하며 태동[胎]으로 통증을 멈추고 곽란을 낫게 한다. 모양은 백두구와 비슷한데 약간 검은 것은 익지인과 비슷하다. 약한 불에 고소하게 볶아 손으로 비벼 껍질을 버리고 속씨만 받아 짓찧어서 쓴다.

한방 효능

- 습(濕)을 말리고 위장(胃腸)의 기능을 좋게 한다.

동의보감에 수록된 사인(축사밀)

사인 잎

사인 꽃

식용 향기 식물_사인

사인 열매

사인 열매와 씨

약재로 쓰이는 사인 열매(건조)

- 비(脾)를 따뜻하게 하여 설사를 멎게 한다.
- 기(氣)를 통하게 하고 임신이 잘 유지되도록 한다.

약효 해설
- 복부팽만, 복통, 신경성 소화불량에 쓴다.
- 명치 아래와 배가 아프며 음식에 체하여 소화되지 않는 것과 설사와 적백이질을 낫게 한다.
- 곽란을 낫게 한다.

2.10 익지

영어명 : bitter cardamon
한약명 : 익지(益智)
학명 : *Alpinia oxyphylla* Miquel(식물명: 익지)
과명 : 생강과(Zingiberaceae)
이용부위 : 열매

익지 열매

익지 지상부

동의보감에 수록된 익지(익지자)

재배지
중국에서 재배한다.

식품공전
한국 〈식품공전〉의 '식품에 제한적으로 사용할 수 있는 원료' 부분에 열매가 수재되어 있으므로 식용할 수 있다.

방약합편
〈방약합편〉의 방초(芳草, 향기 나는 한약) 편에 익지가 수재되어 있다.

한약의 냄새와 맛
이 약은 특유한 냄새가 있고 맛은 약간 쓰다.

동의보감 효능
익지자(益智子, 익지)는 유정(遺精)을 낫게 하고 오줌 횟수를 줄인다. 침을 흘리지 않게 하며 기운을 돕고 정신을 안정시키며 모든 기를 고르게 한다. 오랫동안 먹으면 머리가 좋아지기 때문에 익지라 한 것이다. 군화(君火), 심화(心火)를

익지 잎과 줄기

익지 열매

식용 향기 식물_익지

❶❷ 약재로 쓰이는 익지의 열매(건조)

말함)와 상화(相火, 간, 담, 신 삼초의 화(火)를 말함)로 병이 생긴 것을 낫게 하고 수, 족태음경과 족소음경에 들어가는데 본래 비경(脾經)의 약이다. 비위에 한사가 들어 있는 것을 낫게 한다.

한방 약미(藥味)와 약성(藥性)
맛은 맵고 성질은 따뜻하다.

한방 효능
- 신(腎)을 따뜻하게 한다.
- 정(精)을 밖으로 새지 않게 한다.
- 소변이 너무 잦을 때 하초의 기운을 공고히 하여 이를 다스린다.

약효 해설
- 방향성 고미건위약으로서 소화불량, 식욕부진에 사용하고, 정장약으로 쓴다.
- 몽정, 소변여력, 야간다뇨를 치료한다.
- 건위, 항염증, 항종양의 약리작용이 있다.
- 유정(遺精)을 낫게 하고 오줌 횟수를 줄인다.
- 침을 흘리지 않게 하며 기운을 돕고 정신을 안정시키며 모든 기를 고르게 한다.

2.11 작약

영어명 : peony root
한약명 : 작약(芍藥)
학명 : *Paeonia lactiflora* Pallas(식물명: 작약)
과명 : 작약과(Paeoniaceae)
이용부위 : 뿌리

작약 뿌리

작약 꽃

재배지
한국, 중국, 일본, 동시베리아 지역에 분포한다.

백작약과 적작약
우리나라 한약 공정서인 〈대한민국약전〉에는 백작약과 적작약의 구분 없이 작약으로만 기재되어 있다. 〈중국약전〉에는 백작약(Paeoniae Radix Alba)과 적작약(Paeoniae Radix Rubra)으로 나뉘어져 있다.

식품공전
한국 〈식품공전〉의 '식품에 제한적으로 사용할 수 있는 원료' 부분에 뿌리가 수재되어 있으므로 식용할 수 있다.

방약합편
〈방약합편〉의 방초(芳草, 향기 나는 한약) 편에 백작약과 적작약으로 구분되어 수재되어 있다.

한약의 냄새와 맛

이 약은 특유한 냄새가 있고 맛은 처음에는 조금 달고 후에 떫으며 약간 쓰다.

동의보감 효능

혈비(血痺)를 낫게 하고 혈맥을 잘 통하게 하며 속을 완화시키고 궂은 피를 헤치며[散惡血] 옹종(癰腫)을 삭게 한다. 복통(腹痛)을 멈추고 어혈을 삭게[消] 하며 고름을 없어지게 한다. 여자의 모든 병과 산전산후의 여러 가지 병에 쓰며 월경을 통하게 한다. 장풍(腸風)으로 피를 쏟는 것, 치루(痔瘻), 등창(發背), 짓무른 헌데, 눈이 충혈되고 군살이 살아나는[目赤努肉] 데 쓰며 눈을 밝게 한다. 일명 해창(解倉)이라고도 하는데 두 가지 종류가 있다. 적작약은 오줌

작약 잎

동의보감에 수록된 작약

식용 향기 식물_작약

작약 흰색 꽃 작약 꽃과 잎

작약 재배밭

약재로 쓰이는 작약 뿌리(세절 건조)

을 잘 나가게 하고 기를 내리며, 백작약은 아픈 것을 멈추고 어혈을 헤친다. 또한 백작약은 보(補)하고 적작약은 사(瀉)한다고도 한다.

한방 약미(藥味)와 약성(藥性)
맛은 쓰고 시며 성질은 약간 차다.

한방 효능
- 혈(血)을 길러주고 음(陰)을 모아준다.
- 간의 양기가 지나친 것을 억제시킨다.

약효 해설
- 생리불순에 좋다.
- 산전산후의 여러 증상에 활용한다.
- 진경, 진정작용이 있다.

식용 향기 식물_작약

2.12 창출

영어명 : atractylodes rhizome
한약명 : 창출(蒼朮)
학명 : *Atractylodes lancea* De Candlle(식물명: 모창출)
　　　　Atractylodes chinensis Koidzumi(식물명: 북창출)
과명 : 국화과(Asteraceae, Compositae)
이용부위 : 뿌리줄기

약재로 쓰이는 창출 뿌리줄기(세절 건조)

모창출(*Atractylodes lancea*) 잎. 뿌리줄기가 약재로 쓰이는 '창출'이다.

재배지
모창출과 북창출은 우리나라와 중국 북부지역에 분포한다.

창출의 기원
한방에서 식물인 모창출 또는 북창출의 뿌리줄기를 한약명으로 창출(蒼朮)이라 한다.

식품공전
한국 〈식품공전〉의 '식품에 제한적으로 사용할 수 있는 원료' 부분에 모창출(*Atractylodes lancea*)의 뿌리줄기가 수재되어 있으므로 식용할 수 있다.

한약의 냄새와 맛
이 약은 특유한 냄새가 있고 맛은 약간 쓰다.

동의보감 효능
창출(蒼朮)의 성질은 따뜻하며[溫] 맛이 쓰고[苦] 매우며[辛] 독이 없다. 윗도리, 중간, 아랫도리의 습을 치료하며 속을 시원하게 하

식용 향기 식물_창출

모창출(*Atractylodes lancea*)의 잎과 줄기

고 땀이 나게 하며 고여 있는 담음(痰飮), 현벽(痃癖), 기괴(氣塊), 산람장기(山嵐瘴氣) 등을 헤치며 풍, 한, 습으로 생긴 비증(痺證)과 곽란으로 토하고 설사하는 것이 멎지 않는 것을 낫게 하며 수종과 창만(脹滿)을 없앤다. 삽주는 웅장하여 올라가는 힘이 세고 습을 잘 없애며 비를 안정시킨다.

한방 약미(藥味)와 약성(藥性)
맛은 맵고 쓰며 성질은 따뜻하다.

한방 효능
- 습사를 없애고 약해진 비(脾)의 기능을 강하게 한다.
- 풍(風)을 제거하고 한(寒)을 흩어지게 하는 효능이 있다.
- 눈을 밝게 해준다.

약효 해설
- 류머티즘 관절염 치료에 효과가 있다.
- 식욕부진 치료에 좋다.
- 밤눈이 어두운 증상에 유효하다.

동의보감에 수록된 창출

❶❷ 북창출(*Atractylodes chinensis*)의 꽃

모창출(*Atractylodes lancea*)의 열매

북창출(*Atractylodes chinensis*)의 열매

약재로 쓰이는 창출
뿌리줄기(세절 건조)

식용 향기 식물_창출

2.13 천궁

영어명 : cnidium rhizome
한약명 : 천궁(川芎)
기타 명칭 : 궁궁(芎藭)
학명 : *Cnidium officinale* Makino (식물명: 천궁)
    Ligusticum chuanxiong Hort. (식물명: 중국천궁, 中國川芎)
과명 : 산형과 (Apiaceae, Umbelliferae)
이용부위 : 뿌리줄기

천궁 생뿌리

천궁(*Cnidium officinale*) 잎

재배지
한국, 중국, 일본에서 재배한다.

천궁의 기원
한방에서 식물인 천궁 또는 중국천궁의 뿌리줄기를 한약명으로 천궁(川芎)으로 부른다.

식품공전
한국 〈식품공전〉의 '식품에 제한적으로 사용할 수 있는 원료' 부분에 뿌리줄기가 수재되어 있으므로 식용할 수 있다.

방약합편
〈방약합편〉의 방초(芳草, 향기 나는 한약) 편에 천궁이 수재되어 있다.

한약의 냄새와 맛
이 약은 특유한 냄새가 있고 맛은 약간 쓰다.

동의보감 효능
궁궁(芎藭, 천궁)의 성질은 따뜻하고 맛이 매우며 독이 없다. 모든

식용 향기 식물_천궁

풍병, 기병, 노손(勞損), 혈병 등을 치료한다. 오래된 어혈을 헤치며 피를 생겨나게 하고 피를 토하는 것, 코피, 피오줌, 피똥 등을 멎게 한다. 풍한사가 뇌에 들어가 머리가 아프고 눈물이 나는 것을 낫게 하며 명치 밑과 옆구리가 냉으로 아픈 것을 치료한다.

동의보감에 수록된 천궁(궁궁)

한방 약미(藥味)와 약성(藥性)
맛은 맵고 성질은 따뜻하다.

한방 효능
- 피의 순환을 촉진하고 기를 잘 돌게 한다.
- 풍(風)을 제거하고 통증을 멈추는 효능이 있다.

약효 해설
- 사지와 전신 동통을 치료한다.
- 산전산후에 활용한다.
- 진경, 진정작용이 있다.
- 혈압강하작용이 있다.

일본산 천궁의 뿌리줄기(건조)

약재로 쓰이는 천궁 뿌리(세절 건조)

2.14 침향

영어명 : aloeo wood
한약명 : 침향(沈香)
기타 명칭 : 침수향(沈水香)
학명 : *Aquilaria agallocha* Roxburgh (식물명: 침향나무)
과명 : 팥꽃나무과(Thymeleaceae)
이용부위 : 수지(樹脂, 나무에서 분비하는 점도가 높은 액체)가 침착된 수간목

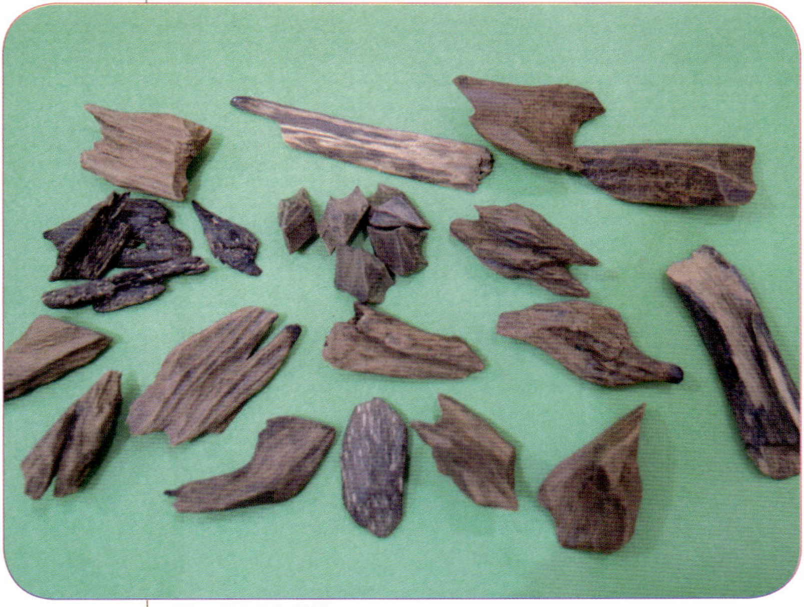

인도네시아의 침향

베트남의 침향 재배지

재배지
인도네시아, 베트남, 말레이시아, 인도, 캄보디아에서 재배하며, 중국 산지는 광시(廣西)쫭족자치구이다.

침향이란?
침향은 나무 조각 같지만 나무에 난 상처를 치유하기 위해 상처 부위에 모인 수지(樹脂)가 수년에서 수천 년에 걸쳐 응결된 덩어리이다. 중국에는 백목향인 *Aquilaria sinensis*, 베트남에서는 *Aquilaria crassna*, 인도네시아에서는 *Aquilaria malaccensis*를 대표적으로 쓰고 있다.

식품공전
한국 〈식품공전〉의 '식품에 제한적으로 사용할 수 있는 원료' 부분에 수지가 침착된 수간목이 수재되어 있으므로 식용할 수 있다.

백목향(*Aquilaria sinensis*) 꽃

중국에서 침향으로 쓰는 백목향의 열매

요리 및 이용
향(香)으로 활용하며 최근부터 제한적으로 식품에 사용 가능하게 되었다.

한약의 냄새와 맛
이 약은 태우면 특유한 향기가 있고 맛은 쓰다.

동의보감 효능
풍수(風水)나 독종을 낫게 하며 나쁜 기운을 없애고 명치끝이 아픈 것을 멎게 한다. 신정을 돕고 성 기능을 높이며 냉풍으로 마비된 것, 곽란으로 토하고 설사하거나 쥐가 이는 것을 낫게 한다. 침향은 여러 가지 기를 돕는데, 위로는 머리끝까지 가고

동의보감에 수록된 침향

아래로는 발밑까지 가므로 사약[使]으로 쓰인다.

한방 약미(藥味)와 약성(藥性)
맛은 맵고 쓰며 성질은 따뜻하다.

한방 효능
- 기(氣)를 소통시켜 통증을 멎게 한다.
- 중초(中焦, 위 부근의 부위)를 따뜻하게 하고 기가 치솟은 것을 내리는 효능이 있다.

약효 해설
- 소화불량, 식욕부진, 수족냉증에 좋은 효과를 나타낸다.
- 정력 부족과 조루에도 효과가 있다.
- 진정, 해독, 건위약으로 히스테리, 기체, 천식 등에 쓴다.

백목향(*Aquilaria sinensis*) 나무. 이 나무에서 나오는 수지를 중국에서는 '침향'으로 사용한다.

침향나무(*Aquilaria malacensis*)

베트남 상점에
진열된 침향

2.15 택란

영어명 : lycopus herb
한약명 : 택란(澤蘭)
학명 : *Lycopus lucidus* Turczaininov(식물명: 쉽싸리)
과명 : 꿀풀과(Lamiaceae, Labiatae)
이용부위 : 지상부

'택란'이라는 약재로 쓰이는 쉽싸리 지상부(건조)

쉽싸리 잎과 줄기. 이 식물의 지상부가 약재로 쓰이는 '택란'이다.

재배지
한국, 중국, 일본 그리고 북미 지역에 분포한다.

식품공전
한국 〈식품공전〉의 '식품에 사용할 수 있는 원료' 부분에 지상부가 수재되어 있으므로 식용할 수 있다.

방약합편
〈방약합편〉의 방초(芳草, 향기 나는 한약) 편에 택란이 수재되어 있다.

한약의 냄새와 맛
이 약은 냄새가 없고 맛은 담담하다.

동의보감 효능
산전산후(産前産後)의 여러 가지 병과 몸푼 뒤 복통과 아이를 자주 낳아서 혈기가 쇠약하고 차서 허로병이 생겨 바짝 여윈 것, 쇠붙

식용 향기 식물_택란

❶❷ 쉽싸리 잎

이에 다친 것, 옹종을 낫게 하며 타박상으로 생긴 어혈을 삭게 한다.

한방 약미(藥味)와 약성(藥性)
맛은 쓰고 매우며 성질은 약간 따뜻하다.

한방 효능
- 혈(血)의 운행을 활발히 하고 어혈(瘀血)을 없앤다.
- 해독하고 상처가 부은 것을 없어지게 한다.
- 수기(水氣)를 소통시켜 부스럼이나 종창(腫瘡)을 제거한다.

약효 해설
- 생리통, 산후 복통에 유효하다.
- 타박상, 전신 부종을 치료한다.

동의보감에 수록된 택란

2.16 향유

한약명: 향유(香薷)
학명: *Elsholtzia ciliata* Hylander (식물명: 향유)
과명: 꿀풀과(Lamiaceae, Labiatae)
이용부위: 지상부

꽃을 포함한 지상부를 건조하여 약재로 쓰는 향유

꽃향유(*Elscholtzia splendens*) 지상부

동의보감에 수록된 향유

재배지
한국, 중국, 일본, 몽골 그리고 유럽에 분포한다.

식품공전
한국 〈식품공전〉의 '식품에 사용할 수 있는 원료' 부분에 어린순, 어린잎이 수재되어 있으므로 식용할 수 있다.

방약합편
〈방약합편〉의 방초(芳草, 향기 나는 한약) 편에 향유가 수재되어 있다.

한약의 냄새와 맛
이 약은 특이한 방향이 있고 맛은 시원하고 맵다.

동의보감 효능
곽란으로 배가 아프고 토하며 설사하는 것을 치료한다. 수종을 내리게 하고 더위 먹은 것과 습증을 없앤다. 위기(胃氣)를 덥히고 번열(煩熱)을 없앤다.

한방 약미(藥味)와 약성(藥性)
맛은 맵고 성질은 약간 따뜻하다.

한방 효능
- 땀을 내게 하고 풍한(風寒, 감기 또는 고뿔)을 발산시킨다.
- 습(濕)을 말리고 이뇨시킨다.

약효 해설
- 여름 감기로 열이 나는 증상에 유효하다.
- 항염증작용이 있다.
- 소변불리에 유효하다.

꽃향유(*Elscholtzia splendens*) 잎

꽃향유(*Elscholtzia splendens*) 잎과 줄기

꽃향유(*Elscholtzia splendens*) 가을 꽃

꽃을 포함한 지상부를 건조하여 약재로 쓰는 향유

식용 향기 식물_ 향유

2.17 형개

영어명 : schizonepeta spike
한약명 : 형개(荊芥)
학명 : *Schizonepeta tenuifolia* Briquet(식물명: 형개)
과명 : 꿀풀과(Lamiaceae, Labiatae)
이용부위 : 꽃이삭

꽃이삭을 건조하여 약재로 쓰는 형개(세절 건조)

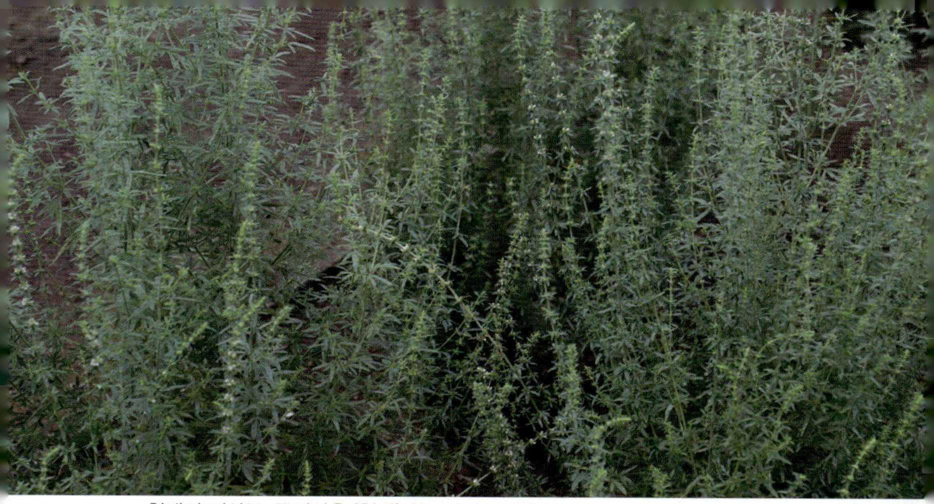

형개의 지상부. 꽃이삭을 '형개'라는 약재로 사용한다.

재배지

한국, 중국에 분포한다.

식품공전

한국 〈식품공전〉의 '식품에 사용할 수 있는 원료' 부분에 꽃대가 수재되어 있으므로 식용할 수 있다.

방약합편

〈방약합편〉의 방초(芳草, 향기 나는 한약) 편에 형개가 수재되어 있다.

한약의 냄새와 맛

이 약은 특유한 냄새가 있고 입 속에 넣으면 약간 시원한 느낌이 있다.

동의보감 효능

악풍(惡風), 적풍(賊風), 온몸에 감각이 없는 것, 상한으로 머리가 아프고 힘줄과 뼈가 달면서 아픈

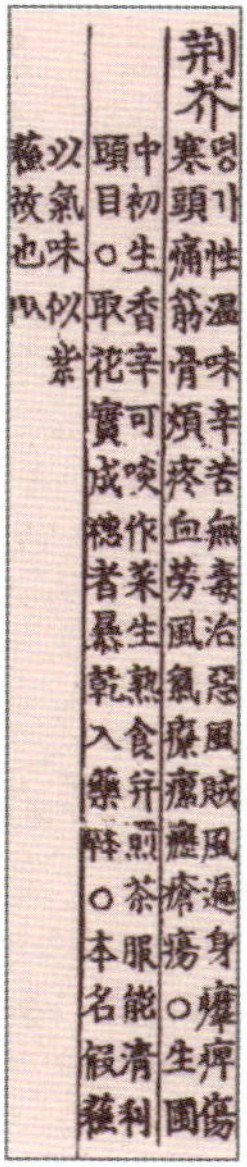

荊芥 형개 性溫味辛苦無毒治惡風賊風遍身𤸷痺傷寒頭痛筋骨煩疼血勞風氣瘰癧瘡瘍○生園中初生香辛可啖作菜生熟食幷煎茶服能清利頭目○取花實成穗者暴乾入藥用○本名假蘇以氣味似紫蘇故也

동의보감에 수록된 형개

형개 꽃과 잎

형개의 잎과 줄기

❶❷ 형개의 꽃

것과 혈로(血勞), 풍기(風氣)를 치료하며 나력(瘰癧)과 창양(瘡瘍)을 낫게 한다.

한방 약미(藥味)와 약성(藥性)
맛은 맵고 성질은 약간 따뜻하다.

한방 효능
- 풍한(風寒, 감기 또는 고뿔)을 발산시키고 풍(風)을 제거하는 효능이 있다.

약효 해설
- 발한, 해열작용이 있다.
- 지혈작용이 있다.
- 피부 가려움증에 유효하다.

용어해설
참고문헌
찾아보기

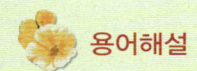
용어해설

ㄱ

각궁반장(角弓反張): 몸이 뒤로 젖혀지는 현상.
각기(脚氣): 다리의 힘이 약해지고 저리거나 제대로 걷지 못하는 병.
간화(肝火): 간의 기능항진(機能亢進)으로 인해서 나타나는 열상(熱象).
감닉(疳䘌): 오감의 하나. 단맛을 즐겨 다식하면 장위에 기생하는 모든 충이 발동하여 장과 부를 침식하는 병증.
감리(疳痢): 감질과 이질을 겸한 합병증.
감열(疳熱): 소아에 많이 나타나는 감질을 수반하는 발열.
감질(疳疾): 소아가 여러 가지 만성 질병으로 몸이 파리하고 쇠약해지는 것을 총칭.
감창(疳瘡): 감질로 인해서 생기는 부스럼.
감충(疳蟲): 영양실조 상태에 요충증이 합병된 것으로 감질이 오래되었는데도 낫지 않으면 반드시 뱃속에 이 충이 있는 것이다.
개창(疥瘡): 풍(風), 습(濕), 열(熱) 등의 사기가 피부에 엉키어 생기는데 접촉 전염성 피부병이다.
객열(客熱): 열의 진퇴(進退)가 일정하지 않은 병증. 외부에서 들어온 열사(熱邪)를 말함.
객오(客忤): 소아가 갑자기 놀란 것이 원인이 되어 생긴 병증.
결괴(結塊): 담핵(痰核)이 엉기어 덩이가 된 것.
경간(驚癇): 경(驚)은 몸에 열이 나고 얼굴이 붉어지며 잠을 잘 자지 못하지만 경련은 나지 않는 증상. 간(癎)은 경(驚)의 증상 외에 몸이 뻣뻣해지며 손발이 오그라들면서 경련이 발생한다.
경계(驚悸): 놀라서 가슴이 두근거리거나 잘 놀라고 두려워하는 것으로, 심계항진이다.
경광(驚狂): 경(驚)으로 인해 광증을 일으키는 병증.

경맥(經脈): 기혈이 운행하는 주요한 통로.

경병(痙病): 목덜미가 뻣뻣해지면서 이를 악물고 사지가 오그라들며 각궁반장(角弓反張)이 주 증상인 병증.

경열(驚熱): 경풍(驚風)의 하나. 소아의 전신 발열인데 열이 그다지 높지 않은 병증.

경풍(驚風): 경련이 일어나면서 의식을 잃는 병증. 5세 미만의 소아에게 자주 나타남.

계간(雞癇): 오간(五癇)의 하나로 폐간을 말한다.

고독(蠱毒): 기생충의 감염으로 발생하는 고창병(鼓脹病).

고주(蠱疰): 몸이 여위고 사지 부종 증상이 나타나며 기침을 하면서 배가 커지는 병증.

고창병(鼓脹病): 복부가 팽창해지고 복피(腹皮)에 청근(靑筋)이 나타나며 사지가 붓지 않는 병증.

곡신(穀神): 인체를 영양하는 음식물의 정기를 가리킨다.

골증(骨蒸): 증병(蒸病)의 일종으로 발열의 상태가 골수에서 투발(透發)하는 것.

골증로열(骨蒸勞熱), **골증열**(骨蒸熱): 허로병으로 인해서 뼛속이 후끈후끈 달아오르는 병증.

곽란(霍亂): 갑자기 복통이 나면서 심한 구토와 설사가 동시에 나타나는 위중한 병증.

관격(關格): 소변이 통하지 못하는 관과 구토가 멎지 않는 격이 동시에 나타나는 병증.

괴(塊): 복부에 병으로 인해서 생긴 결괴(結塊). 일정한 형태를 가지고 고정된 부위에 있으며 통증 부위가 이동하지 않는 병증.

구규(九竅): 눈, 코, 귀 각각 2규(竅)와 입, 요도(尿道)와 항문(肛門).

구역(嘔逆): 속이 메스꺼워 토할 듯한 느낌.

구창(灸瘡): 뜸 뜬 자리에 화상이 생겨서 피부가 허는 것을 말함.

군화(君火): 심화(心火)를 말하는 것. 심(心)은 화(火)에 속한 장기이고 상화(相火)에 상대되는 것.

궐역(厥逆): 사지가 싸늘해지는 병증.

귀주(鬼疰): 초기에는 특별한 통증이 없다가 갑자기 가슴이 뒤틀려 아프거나 답답하여 쓰러지는 증상.

귀태(鬼胎): 평소 몸이 허약한 상태에서 기혈이 뭉쳐 흩어지지 못하고 이로 인해 충임맥이 막혀 통하지 않아 발생하는 병증.

금창(金瘡): 쇠붙이 등에 의해 상한 창상.

급경풍(急驚風): 경풍의 하나로 소아청소년과에서 흔히 보이는 병증.

급황(急黃): 황달의 하나. 중증형 황달병에 속한다. 습열의 사독이 몹시 성해서 진액에 침범함으로 인해 발생.

기괴(氣塊): 기울(氣鬱)로 인해 발생하는 멍울.

기륭(氣癃): 기림(氣淋), 비신(脾腎)이 허하고 방광에 열이 있어 발생하는 병증.

기창(氣脹): 칠정울결(七情鬱結)로 승강기능(昇降機能)이 실조되어 발생하는 창병(매독).

꽃돋이(疹): 온열병 때 발생하는 발진.

ㄴ

나력(瘰癧): 림프샘에 멍울이 생긴 병증. 주로 목, 귀 뒤, 겨드랑이에 생긴다.

냉로(冷勞): 허한증에 속하는 허로병증이다. 이는 기혈고갈, 음양불화, 정기산실 등으로 인해 발생하거나 표리가 함께 허하여 발생.

냉리(冷痢): 한리(寒痢). 찬 것, 생것, 불결한 음식 등을 지나치게 먹어 한기가 막혀서 통하지 않음으로 인해 비의 양기가 상해서 발생.

냉증(冷症): 혈액순환의 기능장애로 인해 생기는 병증.

노권(勞倦): 피로하고 노곤해 하는 증후.

노극(勞極): 칠정으로 인하여 오장이 상한 병증.

노손(勞損): 음허에 속하는 허로. 허손을 말함.

노열(勞熱): 허로로 인해 발생하는 골증발열을 말함.

노채(傳尸): 전염하는 소모성 질환.

노학(勞瘧): 학질의 하나로 오래된 학질.

노황(勞黃): 황달의 하나. 사지가 힘이 없고, 구토, 몸에서 열이 나고 한열왕래(寒熱往來) 등의 증상이 나타남.

누공(瘻): 병적으로 생긴 작은 구멍을 말함.

누창(瘻瘡): 창양 때 구멍이 뚫어져 고름이 흐르고 냄새가 나면서 오랫동안 낫지 않는 병증.

ㄷ

단독(丹毒): 화상과 같이 피부가 벌겋게 되면서 화끈거리고 열이 나는 병증.
단종(丹腫): 단독으로 인한 종창(부기).
담벽(痰癖): 수음(水飮)이 오래 정체되어 담으로 되어 옆구리에 흘러가 수시로 통증을 일으키는 병증.
담연(痰涎): 가래와 침. 담 또는 거품이 섞인 침.
담열(痰熱): 담으로 인해 생긴 열 또는 담열의 병증.
담음(痰飮): 체내의 과잉된 진액(津液)이 여러 가지 원인으로 인해서 몰려 있거나 일정한 부위에서 스며 나오거나 분비되어 생기는 병증.
독종(毒腫): 모든 독으로 인한 종기.
독창(禿瘡): 머리가 헐면서 모발이 끊어지거나 빠져 없어지는 병증.
독풍(毒風): 풍독(중풍)으로 인해 얼굴에 종기가 나는 병증.
두면풍(頭面風): 수풍 또는 면풍과 같은 뜻. 현훈과 같은 뜻.
두풍(頭風): 두통이 낫지 않고 오래 지속되면서 때에 따라 발생했다 멎었다 하며 오랫동안 치유되지 않는 병증.

ㅁ

만경풍: 경풍의 하나. 소아의 중병 또는 만성병으로 비기가 허하고 간기가 왕성해지거나 음허, 양허 등으로 인해서 발병한다.
맥기(脈氣): 경맥(經脈)의 기.
맥풍(脈風): 풍사가 혈맥에 침범하여 머물러 있는 것.
면풍(面風): 얼굴에 땀띠 같은 것이 돋으며 벌겋게 붓는 피부병.
몽설(夢泄): 몽정(夢精). 꿈을 꾸면서 사정이 되는 것.
묘규(苗竅): 오장과 관련되어 외부로 통하는 곳. 코는 폐(肺), 눈은 간(肝), 입술은 비(脾), 혀는 심(心), 귀는 신(腎)과 통하는 곳이라는 것.

ㅂ

반위증(反胃證): 음식을 먹은 후 일정한 시간이 경과한 후 먹은 것을 도로 토해내는 병증.

발배(發背): 등에 생긴 발저를 통틀어 말한다.

발저(發疽): 저(疽)의 하나. 현대의학에서 외과의 악성 종양.

발표(發表): 표(表)에 있는 사기를 발한(發汗)시켜서 제거하는 것.

방광기(膀胱氣): 방광의 기화작용(氣化作用)의 장애로 인해서 소변을 보지 못하는 병증.

백독창(白禿瘡): 독창(禿瘡)의 하나. 풍습의 사기가 두피의 주리(腠理)에 침범하여 울결하거나 접촉 및 전염으로 생기는 병세.

백리(白痢): 이질의 하나로 백색 점액이나 백색 농액이 섞인 대변을 보는 병증.

백예(白瞖): 예막에 흰색을 띠는 안과 병증.

백합병(百合病): 심폐음허(心肺陰虛)의 병증. 칠정울결(七情鬱結)이나 상한병(傷寒病)을 앓은 후에 심폐음허로 인해 생김.

번갈(煩渴): 가슴이 답답하고 입이 마르는 증후.

번열(煩熱): 가슴이 답답하고 열이 나는 증후.

번조증(煩燥證): 가슴에 열이 얽히어 괴롭고 초조하고 불안한 증상.

벽기(癖氣): 양 옆구리가 딴딴하고 통증이 수반되는 병증.

복량(伏梁): 위에 생기는 비만 종괴(腫塊)인 일련의 질환. 기혈이 뭉쳐서 생기는 병증.

분돈(奔豚): 신적의 별칭.

붕루(崩漏): 월경기가 아닌 때 갑자기 대량의 자궁출혈이 멎지 않고 지속적으로 출혈하는 병증.

비괴(痞塊): 딴딴한 멍울.

비달(脾疸): 비와 관련된 황달병.

비설(脾泄): 비의 운화기능 장애로 인해서 발생하는 설사증.

비증(痺證): 관절이 쑤시고, 마비감이 있으며 심하면 부으면서 사지의 운동장애를 일으키는 것이 주 증상인 병증.

ㅅ

사기(邪氣): 병을 일으키는 원인.

사림(沙淋): 석림(石淋), 하초(아랫도리)에 습열이 몰려 수액을 오전(熬煎)하여 소변 찌꺼기를 엉키게 해서 일으키는 병증.

사약(使藥): 보좌약으로 주약의 독성을 경감하고 약 맛을 좋게 하며, 여러 가지 약물의 작용을 조화시켜 부작용이 나타나지 않게 하는 약물.

산가증(疝瘕證): 산증의 하나. 허리 또는 아랫배가 아픈 것.

산기(疝氣): 체강의 내용물이 간극(間隙)을 통해서 겉으로 돌출되는 병증의 총칭.

산람장기(山嵐瘴氣): 산간에 있는 습열이 훈증할 때 생기는 좋지 못한 기운으로 인해 사람에게 해를 주는 일종의 사기로 보통 전염성을 띤다.

산증(疝證): 고환이나 음낭이 커지면서 아프거나 하복부가 당기며 아픈 병증.

산후혈훈(産後血暈): 산후에 갑자기 어지럽고 정신이 혼미해지거나 심하면 이를 악물고 까무러치는 병증.

삼충(三蟲): 장충, 적충, 요충의 세 가지 기생충을 이르는 말.

삽장(澁腸): 몽정, 요정(尿精), 유정 등을 치료하는 방법.

상한(傷寒): 각종 외감성 열병의 총칭.

상화(相火): 간(肝), 담(膽), 신(腎), 삼초(三焦)의 화(火)를 총칭하는 것. 심화(心火)와 배합되어 오장육부를 온양(溫陽)하여 주고 기능 활동을 돕는다.

서루(鼠瘻): 목덜미나 겨드랑이 부위의 림프샘 결핵.

석림(石淋): 임질(淋疾)의 한 가지. 콩팥 또는 방광 속에 돌 같은 것이 생기는 병인데 오줌을 눌 때 요도가 아픔.

소갈(消渴): 다음다식(多飮多食)에 소변량이 많아지고 당뇨가 있으며 몸이 계속 여위는 병증.

소염해독(消炎解毒): 염증(炎症)을 가라앉히고 독기(毒氣)를 제거하는 효능.

소장산기(小腸疝氣): 소장기(小腸氣)와 같은 뜻. 기체로 오는 산증.

수고(水蠱): 창만의 하나. 수습(水濕)의 결취(結聚)로 인해서 발생.

수곡리(水穀痢): 비위의 기가 허약하거나 풍(風) 습(濕) 한(寒) 열(熱)의 사기가 비위에 침범해서 발생하는 병증.

수기(水氣): 부종이나 수종(水腫)과 같은 뜻.
수종(水腫): 신체의 조직간격(間隔)이나 체강(體腔) 체내(裏)에 체액이 머물러 얼굴, 가슴, 배나 사지 등에 부종을 발생시키는 질환.
수징(水癥): 수기(水氣)가 정체하여 쌓이고 뱃속에 딱딱한 덩어리가 생기는데 양 옆구리 부위가 팽창하면서 전신이 붓는 병증.
수창(水脹): 수종(水腫)을 말한다. 수기가 기부에 넘쳐서 종창하는 병증.
수창(水瘡): 피부병의 일종. 진물이 생기는 작은 부스럼.
수풍(首風): 머리를 감은 후 바람을 맞아 생긴 병증.
습닉(濕䘌): 습사로 인해서 피부가 파이는 피부병이다.
습비(濕痺): 비증(痺證)의 하나. 풍(風), 한(寒), 습(濕)의 사기가 관절, 경락에 침범해서 생긴 병증.
시주(尸疰): 노채. 노채충이 폐에 침입하여 생긴 전염성을 띤 만성 소모성 폐결핵 류(類).
시충(尸蟲): 노채충(癆瘵蟲). 노채병을 일으키는 미생물, 즉 결핵균.
식적(食積): 비위의 운화기능 실조로 먹은 것이 적체(積滯)되어 생긴 병증.
신로(腎勞): 과로로 인해서 신(腎)의 기능이 손상되어 야기되는 허로증.
신적(腎積): 신기나 간기가 치밀어서 발생하는데 안색이 검고 통증이 아랫배에서 발작하여 명치 밑까지 치밀어 오르는 것.
심규(心竅): 심의 묘규(苗竅)로 혀를 달리 이르는 말. 정신작용과 관련시켜 본 부위를 표시한 말.
심현(心痃): 명치 밑이 그득하고 아픈 것.

ㅇ

아감(牙疳): 초기에 잇몸이 벌겋게 붓고 헐며 아픈 병증.
아침(兒枕): 임신 후반기 아침통(兒枕痛)의 다른 이름.
아침통(兒枕痛): 여자가 해산 후 어혈이 뭉쳐 아랫배가 아픈 증상.
악종(惡腫): 악성 종양.
악창(惡瘡): 악성 화농성 종기.

양위증(陽痿證): 음위증(陰痿證: 발기불능).
어혈(瘀血): 혈액이 체내의 일정한 조직 사이의 어체(瘀滯)로 통하지 않는 병증.
역려(疫癘): 강렬한 전염성을 띠고 크게 유행하는 질병.
역절통(歷節痛): 간신(肝腎)이 허한 데다 풍한습(風寒濕)의 사기(邪氣)가 경맥(經脈)을 통해서 관절에 유주(流注)하는 것이 원인이 되어 발생하는 병증.
열감(熱疳): 소아의 비위허약, 하기이유(夏期離乳), 음식의 부절제 등으로 인해 몸이 여위면서 복부가 창만, 수족심열(手足心熱)의 증상이 나타난다.
열격(噎膈): 가슴이 메고 먹은 음식을 도로 토하며 대변이 잘 통하지 않는 소화기 질환.
열독리(熱毒痢): 서습열독(暑濕熱毒)의 감수로 인해서 발생하는 이질.
열비(熱痺): 열독이 골절로 돌아다니거나 체내에 열이 쌓여 있는 데다 풍한습의 사기가 침입해 발생하는 병증.
열설(熱泄): 열사가 장위(腸胃)에 침범해서 발생하는 설사증.
열증(熱症): 몸에서 열이 나고 오한, 가슴이 답답하고 갈증이 나는 증상.
열창(熱瘡): 열병 후에 입 주위나 얼굴에 생기는 포진성 피부병.
열학(熱瘧): 학질의 하나. 여름철 서사(暑邪)가 들어와 발생하는데 열증(熱證)만 있고 한증(寒證)은 없다.
영기(榮氣): 맥관에서 순행하는 인체의 방위작용.
영류(瘦瘤): 목에 생긴 종양의 일종.
영위(榮衛): 영기(榮氣)와 위기(衛氣).
예막(瞖膜): 외장(外障) 눈병의 하나. 예는 각막이 흐려진 것이고 막은 결막에 백막(白膜), 적막(赤膜)이 눈자위를 가리는 병.
예장(眼障): 눈의 겉 부위에는 예막이 없이 눈동자가 속으로 가려지는 병증.
오감(五疳): 오장과 결부시켜 다섯 가지로 구분한 감증(疳證).
오로(五勞): 허로의 다섯 가지 병인.
오로칠상(五勞七傷): 오로와 칠상을 함께 말한 것.
오림(五淋): 기림(氣淋), 노림(勞淋), 고림(膏淋), 석림(石淋), 혈림(血淋) 등 다섯 종류의 임증.
온보(溫補): 보법의 하나. 온성보익(溫性補益) 약물로 허한(虛寒)증을 치료하는 것.
온역(瘟疫): 유행성 사기(邪氣)를 받아 발생하는 여러 가지 급성 유행성 열병.

온장(溫瘴): 온병.
온학(溫瘧): 사기가 잠복한 상태에서 서열(暑熱)의 사기를 받아서 발생하는 학질.
옹저(癰疽): 종기의 총칭으로 옹과 저를 포함한 명칭. 창면(瘡面)이 앝으면서 범위가 넓은 것이 옹이고 깊으면서 악성인 것이 저로 피부화농증이다.
옹종(癰腫): 기혈의 순환이 순조롭지 않아 피부나 근육 내에 역행하면 혈이 옹체하여 국부에 발생하는 종창.
옹창(癰瘡): 궤양의 일종, 외옹이 곪아 터진 후 오랫동안 아물지 않는 병증.
옹체(壅滯): 몰리고 막혀서 풀리지도 않고 통하지도 않는 증후를 말하는 것.
완비(頑痺): 피부의 감각이 없는 것.
욕로(蓐勞): 산후에 기혈이 소모되고 몸조리를 잘못한 것이 원인이 되어 풍한사(風寒邪)를 받거나 우사(憂思), 과로로 인해 발생하는 병증.
위기(衛氣): 인체를 외부의 나쁜 기운으로부터 방어하는 기능을 가진 기운.
위벽증(痿躄證): 사지가 힘이 없이 늘어지고 다리를 쓰지 못하는 병증.
위증(痿證): 지체의 근맥이 이완되고 연약 무력해져 팔, 손목, 무릎, 발꿈치 등에 운동 불능을 가져오는 병증.
유두저(有頭疽): 체내 연조직에 생기는 양성의 창양.
유옹(乳癰): 유방에 생기는 염증을 포괄하는 병증. 급성 유선염.
유음(留飮): 비위의 양기가 허하여 수음이 오랫동안 머물러 있어서 야기되는 병증.
유저(乳疽): 유선의 깊은 부위의 화농성 감염증.
유정(遺精): 몸이 허약해진 경우나 또는 성행위 없이 정액이 무의식적으로 흘러나오는 병증.
유종(遊腫): 피부병의 일종. 종기(腫氣)가 여기저기 돌아다니면서 나는 것.
유풍(遊風): 급성으로 피부에 나타나는 일련의 풍증.
육극(六極): 노상허손(勞傷虛損)이 극도에 달한 여섯 가지의 병증.
융폐(癃閉): 소변불리(小便不利, 소변이 잘 나오지 않으며 양도 적은 병증)를 말함.
음산(陰疝): 한사가 간경을 침습해서 생기는데 고환까지 파급하는 산증(疝證).
음소증(陰消證): 진양(眞陽)이 부족하여 기가 액으로 화(化)하지 못하는 경우에 발생하는 소갈병.
음식창(陰蝕瘡): 외생식기의 염증.

천조풍(天吊風, 天弔風): 경풍(驚風)의 일종인 만경풍의 별칭.

청근(靑筋): 체표에 비정상적으로 청색 근맥이 두드러지는 현상.

청맹(靑盲): 겉보기에는 눈에 이상 증후가 없으나 나중에 실명하는 경우가 있는 병증.

청열이수(淸熱利水): 열기를 식히고 소변을 잘 나가게 하여 이를 통해 열기를 빼내는 효능.

치감(齒疳): 구치감(口齒疳). 아감이 경하게 오래 앓은 병증.

치경(痓痙): 치(痓)는 손발이 얼음같이 차고, 경(痙)은 전신이 뻣뻣해지는 것.

치닉(齒䘌): 충치.

치선(齒宣): 아선(牙宣). 잇몸이 붓고 상해서 출혈하거나 농이 나오는데 심하면 잇몸이 패어 들어가서 치근이 드러나고 치아가 흔들리는 병증.

칠상(七傷): 남자의 신기(腎氣)가 쇠약하여 생기는 일곱 가지 증후.

칠정(七情): 기뻐하는 것[喜], 성내는 것[怒], 근심하는 것[憂], 생각하는 것[思], 슬퍼하는 것[悲], 놀라는 것[驚], 겁내는 것[恐] 등 일곱 가지의 정신정지 변화의 표현으로서 외계의 사물에 대한 반응.

칠창(漆瘡): 옻나무나 물건을 만질 때 피부를 통해 옻독이 감염되어 생긴 피부병.

침음창(浸淫瘡): 급성 습진이 전신에 퍼지는 병증.

태루(漏胎): 임신기 중에 비록 양은 적으나 불시에 자궁출혈을 야기하는 병증.

태풍(胎風): 소아가 출생 후 열이 나고 피부가 벌건 것이 불에 덴 것 같은 일련의 증후.

퇴산(陰疝): 한사가 간경을 침습해서 생기는데 고환까지 파급하는 산증.

폐옹(肺癰): 폐에 농양이 생겨서 기침에 농혈(피고름)을 섞어 토하는 병증.

폐위(肺痿): 폐엽(肺葉)의 위축으로 탁한 침을 기침과 동시에 뱉어내는 것을 주증으로 하는 만성 소모성 질병.

포낭(胞囊): 여자의 자궁구(子宮口)와 남자의 음낭을 말함.
풍간(風癇): 심기(心氣)가 부족한 데다 가슴에 열이 몰리거나 풍사를 받았을 경우 또는 간경(肝經)에 열이 있으므로 발생하는 간증(癎證).
풍경(風痙): 경병(痙病)의 일종.
풍랭(風冷): 찬바람.
풍병(風痙): 중풍과 치경을 일컫는 것. 치경(痓痙)에서 치(痓)는 손발이 얼음같이 차고, 경(痙)은 전신이 뻣뻣해지는 것.
풍비(風痺): 풍한습의 사기가 지절(肢節), 경락에 침범하여 생긴다. 그중 풍사가 심한 비증.
풍사(風邪): 외감병을 일으키는 주요 원인으로 다른 사기와 결합하여 여러 가지 병을 야기한다.
풍습비(風濕痺): 풍사와 한습사가 겹친 비증.
풍저(風疽): 습열이 피부에 조체(阻滯)되거나 혈맥에 유체(留滯)되어 생기는데 가렵고 통증을 수반하며 터지면 누런 진물이 나오고 잘 치유되지 않음.
풍증(風證): 외풍과 내풍에 의해서 생긴 병증을 통틀어 일컬음. 풍사를 받거나 질병의 경과과정에 음혈이 몹시 허손되었거나 열이 몹시 성하여 생긴다.
풍진(風疹): 비교적 가벼운 발진성의 급성 피부전염병을 말함.
풍창(風瘡): 개창(疥瘡).
풍허(風虛): 팔풍(八方에서 부는 바람)과 허사(虛邪)를 합친 것.
풍현(風眩): 현훈의 하나. 몸이 허한 데다 풍사가 머리에 침습하여 발생함. 현훈은 눈이 아찔하고 머리가 어지러운 증상을 말한다.

학모(瘧母): 학질을 오랫동안 앓아 옆구리 아래에 어혈이 생겨 딴딴하게 된 것.
한담(寒痰): 담증의 하나. 평소 담(痰)질환이 있는 데다 한사를 받아서 생김.
한증(寒證): 얼굴이 창백하고 손발이 차지고 변이 묽고 소변이 맑은 등의 증상.
해기(解肌): 치료법의 하나. 외감(外感)병 초기에 땀이 약간 나는 표증(表證)을 치료하는 방법.

허로(虛勞): 장부와 기혈의 허손으로 생긴 여러 가지 허약한 증후.
허손(虛損): 칠정(七情), 노권(勞倦), 주색, 음식 등으로 인해서 상하거나 또는 병 후에 조섭(調攝)을 잘못한 데서 음양, 기혈, 장부가 허해짐으로 발생한다.
현벽(痃癖): 배꼽 부위, 또는 옆구리 부위에 덩어리가 생긴 것.
현훈(眩暈): 눈이 아찔하고 머리가 어지러운 증상.
혈가(血瘕): 월경불순 또는 과식으로 인해서 혈이 경맥 밖으로 넘치고 사기와 결합하여 아랫배 사이에 유체(留滯)하고 축적되어 발생.
혈괴(血塊): 혈이 체내에 정체하여 엉키는 것.
혈로(血勞): 음이 허하고 양이 성하거나 그 반대의 경우로 발생하는데 일반적으로 부녀자에게 나타난다.
혈리(血痢): 급성 전염병인 이질의 하나. 하리에 혈이 섞여 있거나 순혈을 설사하는 경우.
혈림(血淋): 임증의 하나. 소변에 피가 섞여 나오는 임증.
혈민(血悶): 해산 후에 정신 혼미, 가슴이 답답한 증상.
혈붕(血崩): 붕루의 하나. 월경하는 기간이 아닌 때 갑자기 음도로 다량 출혈하는 병증.
혈비(血痺): 기혈이 허약해서 생긴 비증(痺證).
혈적(血積): 기가 거슬러 올라 혈이 울체되거나 외상으로 어혈이 몰려서 생김.
혈창(血脹): 체내에 어혈이 쌓이고 기가 정체하여 통하지 않는 데다 한(寒)이 들어와 혈맥이 불리해져 창만이 발생한 것.
혈치(血痔): 내치 때 항문으로 선홍색을 띠는 변혈을 보는 것.
혈훈(血暈): 혈분에 병변이 있는 혼궐 증상.
협옹(脇癰): 겨드랑이나 옆구리에 발생하는 악창.
혼궐(昏厥): 갑자기 정신을 잃고 쓰러지면서 인사불성이 되고 수족이 싸늘해지는 것.
후배앓이: 아침통(兒枕痛).
후비(喉痺): 인후종통의 병증의 하나. 인후가 붓고 통증이 나며 음식을 삼키기 곤란한 증상이 있는 인후병을 총칭함.
휴식리(休息痢): 증상이 멎었다가 발작하였다가 하는 만성적인 이질을 말하는 것.
흉비(胸痺): 가슴이 메는 듯하면서 동통을 위주로 하는 병증.

 참고문헌

한국 단행본

- 강병수 외, 원색한약도감, 동아문화사(2008)
- 김동훈, 식품화학, 탐구당(1976)
- 김우정 외, 천연향신료, 효일(2001)
- 김창민, 2015한약재감별도감(외부형태), 아카데미서적(2014)
- 박누리 역, 죽기 전에 꼭 먹어야 할 세계 음식 재료 1001, 마로니에북스(2011)
- 박종철, 노일섭 외, 김치의 기능성과 산업화, 푸른세상(2005)
- 박종철, 최명락 외, 김치과학, 푸른세상(2007)
- 박종철, 생약 한약 기능식품 통섭사전, 푸른행복(2011)
- 박종철, 일본 약용식물 한방약 도감, 푸른행복(2011)
- 박종철, 약이되는 열대과일, 푸른행복(2013)
- 박종철, 중국 약용식물과 한약, 푸른행복(2014)
- 생약학교재편찬위원회, 생약학, 동명사(2013)
- 식품의약품안전처, 대한민국약전 제10개정(2012)
- 식품의약품안전처, 대한민국약전외한약(생약)규격집 제4개정(2012)
- 식품의약품안전처, 식품공전(2012)
- 안덕균, 한국본초도감, 교학사(2008)
- 영림사편집실, 한의학용어대사전, 도서출판 영림사(2007)
- 육창수, 원색한국약용식물도감, 아카데미서적(1989)
- 이소연 역, 파워푸드 101, 티트리(2012)
- 이영노, 한국식물도감, 교학사(2006)
- 이창복, 대한식물도감, 향문사(2006)
- 정보섭, 도해 향약대사전, 영림사(1990)
- 정한진, 향신료이야기, 살림출판사(2009)

- 조응자, 한덕룡 공역, 세계의 약용식물, 신일북스(2007)
- 주영승, 김홍준, 운곡 한약재의 기원 및 산지 총람, 한국학술정보(주)(2009)
- 최수근 외 역, 세계의 명품 허브와 향신료, 세경(2008)
- 최수근, 최혜진, 향신료수첩, 우듬지(2012)
- 한의학대사전편찬위원회, 한의학대사전, 도서출판 정담(2001)
- 황금택 역, 세계의 식용식물, 신일북스(2010)

학술 논문

- 김종연, 박종철 외, Oenanthe javanica extract accelerates ethanol metabolism in ethanol-treated animals, BMB Reports, 42, 482(2009)
- 박종철 외, Protective effect of Oenanthe javanica on the hepatic peroxidation in bromobenzene-treated rat and its bioactive component, Planta Medica, 62, 488(1996)
- 박종철, 최종원, Effects of methanol extract of Oenanthe javanica on the hepatic alcohol-metabolizing enzyme system and its bioactive component, Phytotheraphy Research, 11, 260(1997)
- 박종철 외, 아세트아미노펜으로 유도한 쥐의 간 독성에 대한 미나리 추출액의 간 보호작용, 약학회지, 52, 316(2008)
- 안병관, 박종철 외, 갓 지상부에서 플라보노이드와 고급 알코올 화합물의 분리, 생약학회지, 38, 254(2007)
- 조현우, 박종철 외, 미나리 지상부에서 라디칼 소거 활성을 가지는 페놀성 화합물의 분리, 생약학회지, 39, 142(2008)
- 최장기, 박종철 외, 고춧잎에서 라디칼 소거 활성을 가지는 페놀성 화합물의 분리, 생약학회지, 38, 258 (2007)

- 허종문, 박종철 외, Effects of methanol extract of *Zanthoxylum piperitum* leaves and its compound, protocatechuic acid on hepatic drug metabolizing enzymes and lipid peroxidation in rats, Bioscience, Biotechnology and Biochemistry, 67, 945(2003)
- 허종문, 박종철 외, Effects of the methanol extract of the leaves of *Brassica juncea* and its major component, isorhamnetin 3-O-ß-D-glucoside on hepatic drug metabolizing enzymes in bromobenzene-treated rats, Food Science and Biotechnology, 16, 439(2007)

중국

- 國家藥典委員會, 中華人民共和國藥典, 中國醫藥科技出版社, 중국 베이징 (2010)
- 國家中醫藥管理局中華本草編委會, 中華本草, 上海科學技術出版社, 중국 상하이(1999)
- 閻玉凝, 中藥圖典, 北京科學技術出版社, 중국 베이징(2007)
- 李岡榮, 漢方蔬果養生百科, 湖南美術出版社, 중국 창사(2010)
- 鄭漢臣, 中國食用本草, 上海辭書出版社, 중국 상하이(2003)

일본

- 堀田滿 외 편, 世界有用植物事典, 平凡社, 일본 도쿄(1989)
- 武政三南, スパイス&ハーブ辭典, 文園社, 일본 도쿄(1997)
- 武政三南, 80のスパイス辭典, フレグランスジャーナル社, 일본 도쿄(2007)
- 服部由美 역, ハーブ圖鑑, ガイアブックス, 일본 도쿄(2012)

- ジル・ノーマン, スパイス完全ガイド, 株式會社 山と溪谷社, 일본 도쿄(2012)
- 橫明美, ハーブ圖鑑, 小學館, 일본 도쿄(1998)

그 밖의 자료

- 산림청 국가생물종지식정보시스템 홈페이지 www.nature.go.kr
- 산림청 국가표준식물목록 홈페이지 www.nature.go.kr/kpni
- 식품의약품안전처 건강기능식품 홈페이지 www.foodnara.go.kr/hfoodi
- 위키피디아 홈페이지 www.wikipedia.org

찾아보기

ㄱ

가구자_134
가지과_41
갈랑갈_22
갈루자_240
감초_26
갓_30
강황_276, 283
개박하_245
개자_30
개채_30
건강_146
겨울세이버리_154
계심_34
계지_34
계피_34
고가_261
고들빼기_38
고량강_332
고마_225
고본_336
고수_256
고애_204
고초_41

고추_41
고추냉이_45
곽향_340
광과감초_26
광서아출_280, 283
구자_134
구주몰약_174
구채_134
국거(근)_234
국화과_38, 98, 104, 176, 180, 190, 204, 234, 242, 248, 273, 290, 295, 318, 348, 374
궁궁_378
귤나무_220
귤인_220
귤핵_220
근채_161
금련(화)_307
금잔(국)화_98
까치콩_351
꼭두서니과_230
꽃향유_390
꿀풀과_58, 66, 79, 83, 102, 116, 120, 124, 129, 154, 156, 172,

193, 210, 245, 269, 302, 326, 340, 386, 389, 392

들깨_58
등자_208
딜_62

ㄴ

나륵(자)_116
난초과_114
난향_116
남박하_172
냉이_49
넛메그_52
네기_286
노간주나무_218
노서과_254
녹각사_361
녹나무과_34, 200
니겔라_56

ㄹ

라벤더_66
라임_70
랄근_150
랄초_41
러시아 세이지_159
레몬_72
레몬그라스_75
레몬밤_79
레몬버베나_81
로마캐모마일_242
로즈마리_83
로켓_86
루_88
루바브_92
루콜라_86
류란향_172

ㄷ

당귀_344
대고량강_22
대산_94
대회향_168
도금양과_108
독일캐모마일_242

ㅁ

마늘_94

마리골드_98
마조람_102
마편초과_81
말리화_214
머위_104
머틀_108
멕시칸 부시 세이지_159
모창출_374
모향_75
묘우가_188
물푸레나무과_197, 214
미국근채_161
미나리_110
미나리아재비과_56
미질향_83

ㅂ

바닐라_114
바질_116
바킨_251
박하_120
방아풀_124
방취목_81
배초향_340
백리향_266, 269
백말리_214
백소_58

백채_104
백출_348
백편두_351
백합_354
백합과_94, 134, 184, 223, 286, 354
버넷_127
번초_41
번하채_120
번홍화_138
벌사상자_357
베르가모트_129
벼과_75
벽오동과_264
보리지_131
봉두채_104
봉아출_280, 283
부추_134
북창출_374
붓꽃과_138
붓순나무과_168
비주화_316
뽕나무과_316

ㅅ

사릉간_124
사미_357
사상자_357

사인_361
사프란_138
사향초_269
산규_45
산모(엽)_164
산와거_38
산전채_45
산초_142
산형과_62, 110, 161, 174, 182, 228, 240, 251, 256, 292, 297, 336, 344, 357, 378
삽주_348
생강_146
생강과_22, 146, 188, 238, 276, 280, 283, 332, 361, 365
서양고추냉이_150
서양자초_62
서양톱풀_190
서홍화_138
세러리 닌진_161
세리_110
세이버리_154
세이요우 와사비_150
세이지_156
셀러리_161
소남강_214
소두구_238

소럴_164
소회향_62
수근_110
수레국화_295
수영_164
쉽싸리_386
스타아니스_168
스피아민트_172
시나몬_34
시라_62
시라(자)_62
시설리_174
시소_210
신엽_45
신향초_326
심엽형개_245
십자화과_30, 45, 49, 86, 150
쓴국화_273
쓴쑥_204

ㅇ

아루굴라_86
아출_280
아티초크_176
안식회향_251
안젤리카_182
야소마_58

약사초_38
양강자_22
양근_161
양시초_190
양총_184
양춘사_361
양파_184
양하_188
얘로_190
여뀌과_92, 164
여름세이버리_154
연명초_124
영국캐모마일_242
영몽_72
예루살렘 세이지_158
오레가노_193
온울금_280, 283
올리브_197
와사비_45
왕고들빼기_38
요고본_336
우지_193
우콘_276
운향_88
운향과_70, 72, 88, 142, 208, 220
울금_283
월계수_200

월계자_200
웜우드_204
유자_208
유즈_208
육계_34
육두구(과)_52
이누학카_245
익지_365
인도긴후추_304
임자(엽)_58
잇꽃_318

ㅈ

자소엽_210
자소자_210
자연_251
작약(과)_369
장미과_127
장회향_240
재스민_214
정자_266
정향_266
정향나무_266
제돈과_197
제비콩_351
제채(자)_49
주니퍼_218

주름소엽_210
중국고본_336
중국천궁_378
지마채_86
지초_269
지치과_131, 310
진피_220
쯔란_251

ㅊ

차이브_223
차즈기_210
참깨(과)_225
참나리_354
참당귀_344
창과감초_26
창출_374
채계_176
채로_104
처녀바디_182
처빌_228
천궁_378
천문초_290
초피나무_142
촉초_142
총(엽)_286
총백_286

축사_361
취초_88
측백나무과_218
치자_230
치커리_234
침수향_381
침향_381

ㅋ

카더몬_238
카둔_180
캐러웨이_240
캐모마일_242
캐트닙_245
커리플랜트_248
커민_251
케이퍼_254
코다치 핫카_154
코리앤더_256
코카(과)_261
콜라너트_264
콩과_26, 312, 351
쿠치나시_230
큰솔나리_354
클로브_266
킨렌카_307

ㅌ

타임_269
택란_386
탠지_273
터머릭_276, 280, 283
토곽향_340
토우가라시_41

ㅍ

파_286
파라크레스_290
파슬리_292
파인애플 세이지_158
팔각회향_168
팔랑개비국화_295
팥꽃나무과_381
페널_297
페뉴그리크_312
페니로열_302
편두(콩)_351
풍접초과_254
필발_304

ㅎ

한근_161
한근채_292
한금련_307
한련(화)_307
한련과_307
향도_72
향모_75
향수목_81
향수초_310
향유_389
향채_256
향초(란)_114
향화채_172
헝가리캐모마일_242
헬리오트로프_310
형개_392
호개_30
호로파_312
호마_225
호유(자)_256
호초_322
호파_312
홀포_316
홉_316
홍두(구)_22
홍화(자)_318
화초_142
회향_297
후추_322
후추과_304, 322

훈의초_66
흑지마_225
흑호마_225
히메우이쿄우_240
히섭_326

acetosa_164
achillea millefoglio_190
Achillea millefolium_190
Acmella oleracea_290
Agastache rugosa_340
aglio_94
ail blanc_94
Allium cepa_184
Allium fistulosum_286
Allium sativum_94
Allium schoenoprasum_223
Allium tuberosum_134
aloeo wood_381
Aloysia triphylla_81
Alpinia galanga_22
alpinia officinari rhizome_332
Alpinia officinarum_332
Alpinia oxyphylla_365
amomum fruit_361
Amomum villosum_361
Amomum villosum var. xanthioides_361
aneth_62
Anethum graveolens_62
aneto_62
angelica_182
Angelica archangelica_182
Angelica gigas_344
angelica gigas root_344
angélique_182
anice stellato_168
anis étoillé_168
Anthriscus cerefolium_228
Apiaceae_62, 110, 161, 174, 182, 228, 240, 251, 256, 292, 297, 336, 344, 357, 378
Apium graveolens_161
Aquilaria agallocha_381
archangelica_182
Armoracia rusticana_150
Artemisia absinthium_204
artichaut_176
artichoke_176
artichoke thistle_180
arugula_86
assenzio_204

Asteraceae_38, 98, 104, 176, 180, 190, 204, 234, 242, 248, 273, 290, 295, 318, 348, 374
Atractylodes chinensis_374
Atractylodes japonica_348
Atractylodes lancea_374
Atractylodes macrocephala_348
atractylodes rhizome_374
atractylodes rhizome white_348

B

bachelor's button_295
bartender's lime_70
basil_116
basilic_116
basilico_116
bay laurel_200
bay leaves_200
bay tree_200
bergamot_129
bitter cardamon_365
black cumin_56
bleuet_295
bog rhubarb_104
borage_131
Boraginaceae_131, 310
boragine_131

Borago officinalis_131
bourrache_131
Brassica juncea_30
Brassicaceae_30, 45, 49, 86, 150
burnet_127

calendola_98
Calendula officinalis_98
camomile_242
camomilla romana_242
camomille romaine_242
cape jasmine_230
cape jessamine_230
caper_254
caper bush_254
Capparidaceae_254
Capparis spinosa_254
cappero_254
câpres_254
Capsella bursa-pastoris_49
capsicum_41
Capsicum annuum_41
capucine tubéreuse_307
caraway_240
carciofo_176
cardamom_238

cardamomier_238
cardamomo_238
cardamon_238
cardi_180
cardone_180
cardoni_180
cardoon_180
carduni_180
cartamo_318
carthame_318
Carthamus tinctorius_318
Carum carvi_240
carvi_240
cataire_245
catmint_245
catnep_245
catnip_245
catswort_245
céleri_161
celery_161
Centaurea cyanus_295
cerfeuil_228
cerfeuil odorant_174
Chamaemelum nobile_242
chamomile_242
cherry pie_310
chervil_228

chicorée à café_234
chicory_234
chilly pepper_41
Chinese leek_134
Chinese pepper_142
chiodi di garofano_266
chives_223
ciboule_286
ciboule de chine à feuilles larges_134
ciboulette_223
cicely_174
Cichorium intybus_234
cicoria_234
Cinnamomum cassia_34
cinnamon_34
cinnamon bark_34
cipoletta_223
cipolla_184
citronella_75
citronnier commun_72
Citrus aurantifolia_70
Citrus junos_208
Citrus limon_72
Citrus reticulata_220
Citrus unshiu_220
citrus unshiu peel_220
civette_223

cloves_266
Cnidium monieri_357
Cnidium officinale_378
cnidium rhizome_378
coca_261
cocalier_261
cola_264
Cola acuminata_264
cola nut_264
colatier_264
Compositae_38, 98, 104, 176, 180, 190, 204, 234, 242, 248, 273, 290, 295, 318, 348, 374
coriander_256
coriandre_256
coriandro_256
Coriandrum sativum_256
cornflower_295
cren_150
cresson de Para_290
crimson beebalm_129
Crocus sativus_138
Cruciferae_30, 45, 49, 86, 150
cumin_251
cumin noire_56
cuminella_56
Cuminum cyminum_251

Cupressaceae_218
curcuma_276
Curcuma kwangsiensis_280, 283
Curcuma longa_276, 283
curcuma longa rhizome_276
Curcuma phaeocaulis_280, 283
curcuma root_283
Curcuma wenyujin_280, 283
curry plant_248
Cymbopogon citratus_75
Cymbopogon flexuosus_75
Cynara cardunculus_180
Cynara scolymus_176

dill_62
Dolichos lablab_351
dolichos seed_351

Elettaria cardamomum_238
Elsholtzia ciliata_389
erba peverella_154
Eruca sativa_86
Eruca vesicaria_86
Erythroxylaceae_261
Erythroxylon coca_261

Fabaceae_26, 312, 351
fennel_297
fenouil_297
fénugrec_312
fenugreek_312
fieno greco_312
finocchio_297
finocchio dei boschi_174
fioraliso_295
Foeniculum vulgare_297

galanga_22
galangal_22
garden angelica_182
garden burnet_127
garden chervil_228
garden heliotrope_310
garden marigold_98
garden nasturtium_307
garden parsley_292
garden sage_156
gardenia_230
Gardenia jasminoides_230
garlic_94
garlic chive_134

geniévrier_218
giant butterbur_104
ginepro_218
gingembre_146
ginger_146
giroflier_266
globe artichoke_176
Glycyrrhiza glabra_26
Glycyrrhiza inflata_26
Glycyrrhiza uralensis_26
Gramineae_75

Helichrysum angustifolium_248
Helichrysum italicum_248
heliotrope_310
Heliotropium arborescens_310
Heliotropium peruvianum_310
herb of grace_88
herbe aux chats_245
herbe d'absinthe_204
hops_316
horseradish_150
houblon_316
Humulus lupulus_316
hysope_26, 326
Hyssopus officinalis_326

Illiciaceae_168
Illicium verum_168
Indian cress_307
Indian long pepper_304
Iridaceae_138
Isodon japonicus_124
issopo_326

Japanese pepper_142
jasmine_214
Jasminum grandiflorum_214
Jasminum officinlae_214
Jasminum sambac_214
juniper_218
juniper berry_218
Juniperus communis_218

key lime_70
kha_22

Labiatae_58, 66, 79, 83, 102, 116, 120, 124, 129, 154, 156, 172, 193, 210, 245, 269, 302, 326, 340, 386, 389, 392
Lactuca indica_38
Lamiaceae_34, 58, 66, 79, 83, 102, 116, 120, 124, 129, 154, 156, 172, 193, 200, 210, 245, 269, 302, 326, 340, 386, 389, 392
laurier_200
lauro_200
Laurus nobilis_200
lavanda_66
lavande_66
Lavandula angustifolia_66
Lavandula officnalis_66
Lavandula vera_66
lavender_66
Leguminosae_26, 312, 351
lemon_72
lemon balm_79
lemon beebrush_81
lemon verbena_81
lemongrass_75
licorice_26
Ligusticum chuanxiong_378
Ligusticum jeholense_336
Ligusticum sinense_336
Ligusticum tenuissimum_336
Liliaceae_94, 134, 184, 223, 286,

Lilium brownii var. viridulun_354
Lilium lancifolium_354
Lilium pumilum_354
lima_70
lime_70
limette acide_70
limoncina_81
limone_72
liquirizia_26
liquorice_26
luppolo_316
lycopus herb_386
Lycopus lucidus_386

mace_52
maggiorana_102
majoram_102
Majorana hortensis_102
Majorana majorana_102
mandarine_220
mandarino_220
marigold_98
marjolaine_102
Matricaria chamomilla_242
melissa_79

Melissa officinalis_79
mélisse_79
menta ricciuta_172, 302
menta selvatica_120
Mentha arvensis_120
mentha herb_120
Mentha pulegium_302
Mentha spicata_172
menthe douce_172, 302
menthe du Japon_120
Mexican lime_70
millefeuille_190
mint_120
mioga_188
mirto_108
Monarda didyma_129
monks cress_307
Moraceae_316
mosquito plant_302
moutarde brune_30
muscadier_52
mustard_30
Myristica fragrans_52
Myristicaceae_52
Myrrhis odorata_174
Myrtaceae_108, 266
myrte_108

myrtle_108
Myrtus communis_108

N

nasturtium_307
nasturzio tuberoso_307
Nepeta cataria_245
nigella_56
Nigella sativa_56
noce moscata_52
nutmeg_52

O

Ocimum basilicum_116
Oenanthe javanica_110
oignon_184
Olea europaea_197
Oleaceae_197, 214
olive_197
olivier_197
olivo_197
omani lime_70
onion_184
Orchidaceae_114
oregano_193
origan_193
origano_193

Origanum majorana_102
Origanum vulgare_193
oseille_164
Oswego tea_129

P

Paeonia lactiflora_369
Paeoniaceae_369
pala_52
paracress_290
parsley_292
Pedalidaceae_225
pennyroyal_302
peony root_369
pepe nero_322
pepper_322
perilla_58, 210
Perilla frutescens_58
Perilla frutescens var. acuta_210
Perilla frutescens var. crispa_210
pérille verte cultivée_210
Perovskia atriplicifolia_159
persil_292
Petasites japonicus_104
Petroselinum crispum_292
phak chee_256
Phlomis fruticosa_158

pimento_41
pimpinella_127
pimprenelle_127
Piper longum_304
Piper nigrum_322
Piperaceae_304, 322
Plectranthus japonicus_124
Poaceae_75
poivon_41
poivre_322
poivre du Setchuan_142
Polygonaceae_92, 164
pot marigold_98
prezzemolo_292

quaw mint_302

rabarbaro_92
Rabdosia japonica_124
raifort_150
raifort du japon_45
Ranunculaceae_56
Rautaceae_220
réglisss officinale_26
Rheum rhabarbarum_92

rhubarb_92
rhubarbe_92
rocket_86
romarin_83
roquette_86
Rosaceae_127
rosemary_83
rosmarino_83
Rosmarinus officinalis_83
Rubiaceae_230
rucola_86
ruddles_98
rue_88
Rumex acetosa_164
ruta_88
Ruta graveolens_88
Rutaceae_70, 72, 88, 142, 208

safflower_318
saffron_138
saffron crocus_138
safran_138
sage_156
salad burnet_127
salvia_156
Salvia elegans_158

Salvia leucantha_159
Salvia officinalis_156
Sanguisorba minor_127
sarriette des montagnes_154
Satureja hortensis_154
Satureja montana_154
sauge_156
savory_154
scarlet beebalm_129
Schizonepeta spike_392
Schizonepeta tenuifolia_392
Scottish marigold_98
sédano_161
senape indiana_30
sereh_75
sesame_225
sésame_225
sesamo_225
Sesamum indicum_225
shepherd's purse_49
Solanaceae_41
sorrel_164
souci des jardins_98
spear mint_172
spearmint_172
spilante_290
spilanthes_290

Spilanthes acmella var. oleracea_290
spring onion_286
star anise_168
starflower_131
Sterculiaceae_264
summer savory_154
sweet bay_200
sweet cicely_174
Syzygium aromaticum_266

T

takrai_75
tanaceto_273
Tanacetum vulgare_273
tanaisie_273
tansy_273
thym_269
thyme_269
Thymeleaceae_381
Thymus quinquecostatus_269
Thymus vulgaris_269
toothache plant_290
Torilis japonica_357
Trigonella foenum-graecum_312
Tropaeolaceae_307
Tropaeolum majus_307
true myrtle_108

tumeric_276

Umbelliferae_62, 110, 161, 174, 182, 228, 240, 251, 256, 292, 297, 336, 344, 357, 378

vaniglia_114
vanilla_114
Vanilla planifolia_114
vanille_114
Verbenaceae_81
verveine odorante_81
vervine de Indes_75

W

wasabi_45
Wasabia japonica_45
water dropwort_110
welsh onion_286
west Indian lime_70
wild celery_182
winter savory_154
worm wood_204

xa_75

yarrow_190
yi-ra_251
Youngia sonchifolia_38

Z

zafferano_138
Zanthoxylum bungeanum_142
Zanthoxylum piperitum_142
Zanthoxylum schinifolium_142
zedoary_280
zénzero_146
Zingiber mioga_188
Zingiber officinale_146
Zingiberaceae_22, 146, 188, 238, 276, 280, 283, 332, 361, 365